JN014775

いちからわかる

「コンプライアンス」 Q&A

~今さら聞けない社長のギモンを解決~

弁護士・弁理士
鳥山半六
Toriyama Hanroku

第一法規

まえがき

　本書は、経営の最前線で「中計達成」「目標必達」に取り組んでおられる経営者・経営陣幹部の方々向けの企業コンプライアンス入門書です。

　私は、長年、弁護士として、企業法務・経営法務・法曹倫理に関わるとともに、企業のコンプライアンス研修に取り組んで参りましたが、そんな中、かなり前から感じているのは、コンプライアンスというものに対する形式的・表層的な理解——それはあたかも「コンプライアンス」という名の「鯱鉾（しゃちほこ）ばった妖怪」が企業社会のあちこちを徘徊（はいかい）しているかのような窮屈な感覚——です。

　会社のみなさんは、日々、目標必達に追われていることもあり、コンプライアンスの意味についてきちんと考える余裕もないまま、この妖怪に「法令遵守！」「社会の要請！」と踊らされ、本来の意味での企業コンプライアンス、なかんずく「人の役に立つ」（＝儲（もう）ける、稼ぐ）、「共に働く」といった企業の目的や、「善く生きる」「自利利他公私一如」といった倫理の本質がおざなりにされ、まるで心（知情意）を持たないロボットの如く働かされているように思われるのです。

　本書は、そのようなごく主観的な私の「気づき」の下に、経営の現場の生（ナマ）の疑問をとりあげ、リアルな問いにホンネでお答えすることで、「経営」の現場と「訴訟」の現場、さらに「倫理学」的なモノの考え方を架橋することを目指したものです。

　執筆にあたって特に留意したのは次の点です。
①　書き言葉ではなく話し言葉による平易な「問い語り」方式とする——目指したのは「声が聞こえてくるような本」です
②　結論は端的に示す——多少の誤解は恐れず、思い切って言い切る
③　最先端の知識は他書に譲り、経営の現場での実感を中心に、「どう考えればよいのか」という、「モノの見方・考え方」のヒントを

示す

④　ポイントはできるだけ短いフレーズで示す──これは、迷ったときや決断するときに心に浮かぶのは、たいてい、先人が残してくれた「たった一言」であったり「短いフレーズ」であるという、私自身の経験を踏まえたものです

⑤　最近の専門家がよく使う「〜の可能性がある」という言い回しはできるだけ避け、理論的な正確さより、現実的な蓋然性、現場の実感を優先する

　執筆にあたっては、経営に関わるみなさんの痒いところに手が届いているか、という点に最大限、意を用いたつもりですが、筆者自身の力量不足は如何（いかん）ともし難く、目指したところとの懸隔は否めません。意図するところをお汲（く）み取りいただけましたら幸いです。

　最後に、頭でっかちになりがちな私に、現場の生の言葉で経営の実務感覚を吹き込んでいただいた関係先企業のみなさま、「規範的思考」を懇切にご指導いただいた森際康友・名古屋大学名誉教授（法哲学）、東京事務所で（その名のとおり）いつも善き相談相手になっていただいている元駐パラグアイ日本大使・上田善久弁護士、そして、本書出版をサポートいただいた荒巻順子様、三戸紗津生様、太田肇様をはじめ第一法規のみなさんに心から感謝申しあげます。

2023年12月　鳥 山 半 六

CONTENTS

第1 「理論」編

I 規範的思考

II コンプライアンス

iv

Ⅲ ガバナンス

第2 「実践」編

Ⅰ 平時

I

規範的思考

Q1〜Q4

Q1
Question

企業経営者がインストールしておきたい「モノの考え方」って、どんなものですか？

A 「規範的思考」です。それは、「事実」と「規範」を峻別し、事実をありのままに直視した上で、その事実がコントロール可能か、規範との「ズレ」（不適合）がどこにあるかを見極め、事実を規範に適合させていこうとする思考法です。これが「コンプライアンス」の根底にある考え方といってよいでしょう。

――――――― 解　説 ―――――――

1　取締役のトレーニング

　「取締役のトレーニング？　誰がこのワシにトレーニングしてくれるんや！」

　――近年、ガバナンスコード（**Q29**）のおかげで「取締役のトレーニング」ということがいわれます。しかし、経営者（**注1-1**）のみなさんの多くは、その組織の中で誰にも負けない実績を上げてこられた方々ですから、今さら人から教わったり、トレーニングを受けたりする必要はない、と思われるかもしれません。また、それぐらいの強烈な自負と自信がなければ企業経営者など

務まらず――社長なんて、ある意味では“わがままとパワハラの塊”ですよね？（苦笑）――、それゆえ、もし経営企画部や法務部が「取締役のトレーニング」なんていうと、冒頭のように、つい、嫌みの１つもいいたくなるかもしれません……。

2 未来予測と社会の変化

しかし、時代は大きく変化しています。

未来予測はたいてい外れますが、これは、テクノロジー（科学技術）のおおよその進化は読めても、社会の常識や人々の思考様式、何を好ましいと感じるかという感性の変化までは読めないからでしょう。その意味で、これまでの正解が今日の正解、そして明日の正解とは限りません。

確かに日常の判断では、現場叩き上げの「勘と経験と度胸」（KKD）や、熟練に裏打ちされた「直観」（ヒューリスティック・はやい思考）がモノをいいます。しかし、コロナ禍の突発的事態では経験が役に立たなかったように、「ここぞ」という新たなチャレンジにおいては、直観のみに頼るのは危険で、「ホントにそうか？」と疑い、データやエビデンス、他の異なる意見や考え方も踏まえた「遅い思考」で「はやい思考」を検証すること、さらにいえば、日々、新しい考え方や知見に学び、直観力を科学的にトレーニングすることが大切だと思います。

3 「考え方」のインストール

私はいつも不思議に思うのですが、人間って、脳も含め人体

3

を構成する物質の成分（炭素、カルシウム、窒素、リン等）や量はほとんど変わらないのに、その社会的地位にはなぜかくも大きな差があるのでしょうか？　運や才能ももちろんあるのでしょうが、「心の持ちよう」というか、「モノの考え方」によるところが大きいのではないでしょうか。つまり、人間って、「心を持った肉体」というより「肉体を持った心（知情意）」なのではないでしょうか。

　近年、スポーツや将棋界などで若い人たちが世界を舞台に目覚ましい活躍をしています。これは、本人の卓越した才能もさることながら、正しい考え方をインストールし、科学的なトレーニングを効率的に積むことで、先輩たちが何十年もかかってようやく習得したコツや知見を短期間で身に付け得たこと、そして、古い時代の誤った思い込みから解き放たれたことによるものではないでしょうか。思い起こせばその昔、ゴルフが上達するには「コースに出る前にとにかくトラックいっぱいの玉を打て！」といわれたものですが、思えばこれも誤った呪縛だったんでしょうね……。

　その意味では、ベテランこそ、若い人たちと接し、新しい考え方や知識に学ぶ必要があります。年齢に関係なく、常に何かにチャレンジし、学び続けること（リスキリング）が大事です。人生百年時代、いくつになっても日々成長を続け、後半、そして晩年の良い人生にしたいものです。

4　本書の目的

　さて、どうでもいいことですが、私は、昭和最後の年度（昭和

63年4月）に大阪で弁護士登録しましたので、「昭和最後の大阪の弁護士」と自称し、気づけば結構長い間、訴訟や企業法務、社外役員、法曹倫理等に関わって参りました。本書は、そんな「昭和の弁護士」が、登録以来、経営者の何気ない「生の言葉」に接する中で感得した「モノの考え方」を中心に、極力、頭でっかちを避け、「理屈より実用」、そして、「知より情」「情より意」をコンセプトとしたQ&A集です。本書全体の通奏低音として流れるのは、「経営」の現場と「訴訟」の現場、さらに「倫理学」の考え方を架橋したいという、ちょっと大それた試みです（苦笑）。

5　経営者と弁護士

　さて、経営者と弁護士、とりわけリティゲーション（訴訟）弁護士（**注1-2**）とでは「モノの見方・考え方」がかなり違います。それはおそらく、日常業務において目に見える「規範」や「判定者」があるかどうかの差に由来します。

　訴訟には、裁判官という中立公正な判定者がいて、法令や判例という規範（判断基準）があります。訴訟弁護士にとって重要なのは、相手方から厳しい反論を受けながらも裁判官を味方につける（説得する）ことであり、そのためには、相手方の反論を想定しそれを潰していく「主張・立証」活動、つまり「理」（ロジック）と「証拠」（エビデンス）が不可欠です。

　これに対し、経営にはそのような目に見える判定者や基準はありません──正確にいうと、実はあるのですが（**Q12**）日々の実務に追われているとなかなか気づけない、ということなのかもしれません。それゆえ経営者は、目に見えない「時代の感性」

を模索し、ビジネスにおいては「大衆」のニーズを、経営においては「一般株主」(**Q28**)の信任を取り付けようとします。そのためには「価値」や「意味」をつくり出す「センスメイキング」を基に常に結果を出し続けなければならず、いきおい「結果志向」になりがちです。

　そのどちらかが正しいということではなく、それぞれの職業特性に応じたモノの見方や考え方があるということだと思うのですが、本書の提案は、経営に訴訟弁護士の「リーガルの視点」を取り入れることは、結果を出す上でも、そして、心の平安を保つ上でも有益ではないか、というものです(逆に、経営者の考え方を弁護士が取り入れることが有効であることは、私自身、日々、実感しています。)。

6　リーガルの視点　——複眼的に見る

　ここでいう訴訟弁護士の「リーガルの視点」とは、まず、何よりも「依頼者のためになるかどうか」(**注1-3**)を基本にしつつ、次のような複数の視点を維持し、物事を複眼的に見ることです。
①　対立当事者(相手方)の立場から見てどうか(反論・反証の想定)
②　第三者や世間の立場から見てどうか(「世間よし」か)
③　裁判所の立場から見てどうか(法的にどうか)

　もっとも、これは「理のある方を勝たせる」という裁判の世界の考え方で、「利」を追求するビジネスの世界とは異なるかもしれません。しかし、「複数の視点を維持する」という発想は、

ビジネスの世界でも昔からいわれてきたもので、例えば、「売り手よし、買い手よし、世間よし」という近江商人の「三方よし」の精神や、「顧客とともに利益を得る」「ムリに売るな、客の好むものも売るな、客のためになるものを売れ」と説く「自利利他」の精神などは、これと通底するものがあるように思われます。

7 「規範」と「事実」

また、日ごろ、私が弁護士として感じるのは、ビジネスの基本中の基本、「契約」においてすら、規範と事実が区別されていないのではないか、ということです。ビジネスの企画・立案から始まって、交渉・合意、さらに合意内容の改訂といったことと、その合意の履行や現場作業といったこととがいわば渾然一体のうちに進められ、それが「規範」の問題なのか「事実」の問題なのかはあまり意識されていないように思われるのです。

「事実を積み重ねても当為命題は導かれない」「散歩のついでに富士山に登った人はいない」といいますが、そのいわんとするところは、日々、目の前の作業と格闘し、改善に改善を積み重ねているだけでは目指すべきゴールには到達できないぞ、規範と現実を分け、目指すべき「目的」、そして「目標」を設定し、そこから遡って「今、何をすべきか」を考えろ、ということだと思われます。

8 「規範的思考」のススメ

前置きが長くなってしまいましたが、以上の観点から私が重

要だと思うのが、次のような「規範的思考」です。これは、ＡＩ時代に人間に求められる"ＡＩにはできない"思考法です。

・まずは、「起きていることはすべて正しい」と割り切って、現実をありのままに直視し観照する

・すると、「現実」と思っていたものが自分の「心の問題」にすぎなかったり「現実」にも自力で制御（コントロール）可能なものとそうでないものがあることがわかる

・そこで、制御可能な事実であれば、「起きている現実」と「あるべき姿」を切り分け、両者の「ズレ」（不適合）がどこにあるのかを明らめる（明らかにして見る）

・そして、まず最低限、「法令」のレベル（＝60点の合格点）に現実を適合させる

・その上でさらに、「企業理念」（＝自社の価値規準・優先順位）を基に、誰に対しても堂々と説明できるよう、理念に恥じない行動をとる（＝100点満点を目指す）

図表1▶規範的思考（リーガルシンキング）

【手段】　バックキャスティング思考　【目的】

【規範】（法と倫理）
【意識】「目的」（本分）と使命感／説明責任を果たす
【知識】「義務と責任」（職分）の自覚／「抜け策」防止
【技能】「経営判断の原則」の実践／言い訳を封じる

切り分け　当てはめ（規律）　因果の流れ　つくり出す

直視　【現実】現在（今ここ）　地続きの未来

企業理念
自社の存在目的（purpose）
自利利他
公私一如

過去の延長線上で今、起きていること

・見えないものを見る
・コントロールできること／できないことの切り分け

・このようにして、「今・ここ」にある現実を、より良い状態に変えていく（いこうと努める）

・これらを不断に繰り返す過程で「目的」のさらなる深化を図る──

そんな、「目的」（理想）を持った現実主義（プラグマティズム）です（**図表1参照**）。

それは、『坂の上の雲』（司馬遼太郎）の有名な一節（**注1-4**）、

「坂の上の青い天にもし一朶の白い雲がかがやいているとすれば、それのみを見つめて坂をのぼっていくであろう」

という明治初期の日本のような、前向きでどこか楽天的な考え方かもしれません。なお、この場合、雲（＝目的）は近づけば近づくほどその相貌を変えて迫ってくるもので、目的自体も発展的・創造的に深化させていく必要があります（**Q11**）。

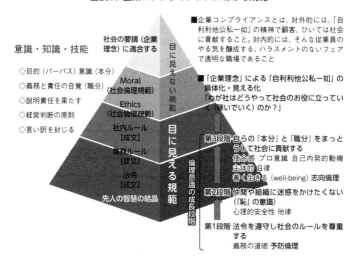

図表2▶企業コンプライアンスにおける規範

意識・知識・技能

◇目的（パーパス）意識（本分）
◇義務と責任の自覚（職分）
◇説明責任を果たす
◇経営判断の原則
◇言い訳を封じる

社会の要請（企業理念）に適合する

Moral（社会倫理規範）
Ethics（社会倫理規範）
社内ルール【成文】
業界ルール【成文】
法令【成文】
先人の智慧の結晶

目に見えない規範
目に見える規範
倫理意識の成長段階

■企業コンプライアンスとは、対外的には、「自利利他公私一如」の精神で顧客、ひいては社会に貢献すること。対内的には、そんな従業員のやる気を醸成する、ハラスメントのないフェアで透明な職場であること

■「企業理念」による「自利利他公私一如」の具体化・見える化
「わが社はどうやって社会のお役に立っていく（稼いでいく）のか？」

第3段階自らの『本分』と『職分』をまっとうして社会に貢献する
使命感 プロ意識 自己内発的動機
主体的 自律
善く生きる（well-being）志向倫理

第2段階仲間や組織に迷惑をかけたくない（「恥」の意識）
心理的安全性 他律

第1段階法令を遵守し社会のルールを尊重する
義務の道徳 予防倫理

詳細は**Q2**以下で述べますが、大事なことは、事に臨んで「場当たり的」に行動するのではなく、以上のような「規範的思考」を基に自分に自信が持てる生き方をすることです。

　なお、"人が共に働く"という企業コンプライアンスの「規範」にフォーカスし、全体像を図示すると**図表2**のとおりです。

　以下では、**図表1、2**を全体像として、解説を加えていきたいと思います。

半六先生からのアドバイス！

■「理屈に支配された生き方ではなく、直観に頼りきった決断に継ぐ決断でもなく、『これが俺の生き方の基本型だ！』という原理原則（プリンシプル）を軸足に、常に反省と向上を行うことで、自分に自信がもてる生き方をすべきだ、ということです。」（バーナード・ウィリアムズ著『生き方について哲学は何が言えるか』の訳者で、私が師事する森際康友名古屋大学名誉教授の言葉）

■過去は変えられないが未来は変えられる。規範的思考とは、「あそこに向かっていくんだ」という意思と希望を持って未来を創造していく思考法。それは、理想主義的な現実主義であり、現実主義的な理想主義

■ＡＩ時代、人間の仕事は、作業ではなく、規範的に考えること。「自分はやるべきことをやっている」と思えれば、不安も薄まり、自信が持てる

(注1-1) 本書では、社長をはじめとする業務執行取締役を「経営者」、これに社外取締役を加えた取締役会メンバーを「経営陣」、執行役員等のいわゆる幹部層を「経営陣幹部」と表記しています。

(注1-2) リティゲーション弁護士というのは、常に相手からの反対尋問（突っ込み）を想定し、第三者（裁判官）の見方を考える複眼的・俯瞰的思考を持った弁護士のことです。訴訟は、自分本位では勝てないからです。

(注1-3) これは近視眼的にではなく、長い目で見て真に依頼者のためになるかどうかを考えることです。「不当な事件─受任の規準（テスト）」『新時代の弁護士倫理』（ジュリストBOOKS）、ジュリスト2019年2月号

(注1-4) 司馬遼太郎著『坂の上の雲』（文春文庫）

Q2

Uuestion

「結果がすべて」の企業経営者に、なぜ「リーガルの視点」や「規範的思考」が必要なのですか？

A 結果を出すためです。そしてまた、「善い経営」を意識することで、心の平安を保ち「善く生きる」ためです。

―――――― 解 説 ――――――

1 経営者は結果がすべて

「結果にコミットする」――何かのコマーシャルでありましたが、ビジネスは「結果を出してナンボ」の世界であり、経営者に求められるのは「結果」であり「数字」です。

この「結果志向」であることが、「過失責任」を基本とする法律家の規範的思考と根本的に異なるところです。

2 経営者と法律家

経営者（director）の仕事は、組織の進むべき方向を決め（direct）、資源（ヒト・モノ・カネ・時間）を最適配分して結果を出すことです。結果が出なければ、たとえ予見不能であろうと不可抗

力であろうと、(備えていなかったことの責任も含め)厳しい「経営責任」を問われます。それは言い訳無用の「結果責任」です。

これに対し、法律家は、「過失がなければしょうがない。責任は問えない」という過失責任に立つ反面、規範に照らし「ダメなものはダメ」という峻厳さを持ち合わせています。それは金額の多寡を問いません(**Q37**)。

経営者がフォワードルッキング(前をのみ見つめる)だとすれば、法律家はレトロスペクティブ(過去を振り返る)だといえるでしょう。

経営者の責任は、究極的には裁判での「法的責任」ですが、それはレアケースで(**注2-1**)、多く問題になるのはステークホルダーに対する「説明責任」です。なお、ここでいう「説明」は「言い訳」(**Q42**)とは違います。それは、「他責」ではなく「自責」。事実に裏打ちされた自己分析に基づき、「いつ何時、どこに引っ張り出されても理と証拠に基づいて堂々と申し開きができる！」という自信を持って、結果についてすべての責任を引き受けることだといってもよいでしょう。

経営者でもない私がいうのは誠に僭越なのですが、経営というのは、自然科学のように、どこかに「真理」があってそれを発見するというものではありません。迷いや不安の中で自らの決断を正解にしていく、つまり、結果を出していくものです。

3　経営者は孤独

会社の経営も、ストレートコースをぶっ飛ばせばよいときもあれば、真っ暗な夜中に崖っぷちをそろそろと進まなければな

らないときもあるでしょう。どの道を行くか、どう運転するか、その一瞬一瞬の決断は、経営者が自らしなければなりません。もちろん、補助者である経営陣幹部が収集・分析してくれた情報を基に判断することになりますが（これは、有象無象のインフォメーションではなく、精選されたインテリジェンスでなければなりません。Q39）、最後の決断は、他人に任せることはできません。その決断を託されたのが経営者だからです。

　また、経営者は、従業員を食わせていく責任があり、どんな苦しいときも、たとえカラ元気でも、元気で平気な顔をしていなければなりません。経営者が暗い顔や不安な顔をしていると従業員も不安になるからです。

　そんなこんなで、経営者は常に孤独です。「どす黒いまでの孤独」と、首相の胸中を表現した政治家がいましたが、経営者も、何が正解かわからない暗中模索の中、真っ暗な海に飛び込むようなヒリヒリとした決断をし、かつ、その決断にすべての責任を負わなければならないのです。

　以上に関連して、ある社長さんがいわれた言葉が印象に残っています。

　　「社長になる前、ある弁護士さんから、『やめるなら今ですよ。大変ですよ。』といわれた。そのときは、変なこというなぁと思ったけど、今ならわかる。大変だ。長くやるもんじゃない。」

　オーナー社長さんは別として、これが多くの社長さんの実感ではないでしょうか。

4　不安や迷い

　VUCA（**注2-2**）の時代といわれる今、例えば、会社の命運を左右しかねない大きな損失リスクや社会的に重大なレピュテーション（評判）リスクをはらむ決断を迫られたとき、「これは一体、どう考えればよいのか？」と思い悩み、決断後も、「果たしてあれでよかったのか？」と迷うこともあると思います。昨今、特に顕著と思われる「何かあったらどうするんだ」症候群の中で、うまくいかなかったときの責任を考え、「慎重に推移を見守る」という名目の下に成り行きに委ねたり、ついつい無難にやりすごしたくなることもあるでしょう。それは、人間の心情としては理解できますが、経営者としての「職分」（役割、義務と責任）に反することは明らかです。

5　規範的思考（リーガルシンキング）

　経営者でもない私が偉そうにいうのは誠におこがましいのですが（これは、本書全体を通じ一貫してそうなのですが、くどくなりますので、以下では、都度の記載は思い切って割愛させていただきます。）、大事なことは、「結果を思い悩む」より「正しく考え、正しく振る舞う」ことです。余談ながら、私は大学時代、弓道部に在籍していたのですが、弓道には「正射必中」という言葉があります。正しく射られた矢は必ず的に中るという意味です──万年補欠の私がいっても説得力がありませんが（苦笑）──。

　そもそも経営者というのは、先が見え、チャンスとリスクを嗅ぎ分けられる経営能力（先見力と判断力、実行力）のゆえに

決断を任された「決める人」です。実際、経営者のお話を伺っていると、「あぁ、見えてる世界が違うんだなぁ……」と感じることがよくあります。これは「情報の非対称性」といわれるもので、私も1年だけですが弁護士会の役員をしたとき、一般会員との情報の質と量の違いを実感したことを思い出します。

そして、その経営能力ゆえに、経営者の判断には広い裁量が認められています。後述する「経営判断の原則」（Q37、Q38）は、長年の司法実務の中で形成された判例法理ですが、こんな法理が認められているのは経営者だけです。「古典的三大プロフェッション」といわれる医師や聖職者、弁護士にもそんな法理は認められていません。

そうであれば、経営者たる者、自らの経験と知見、信念とプリンシプルをベースに、適正に手続を踏み、「理」と「利」に照らして説明可能な決断をしていれば何も恐れることはないはずです。

そのためには、「直感」や「場当たり的」「当てずっぽう」「他事考慮」（考慮すべきことを考慮せず、考慮すべきでないことを考慮する）ではなく、「規範」を基に正しく考え、正しく行動することです。

「自分はやるべきことをやっている」と思えれば、自ずと不安も薄まるはずです。

6 「規範」の曖昧化——倫理の法化・法の倫理化——

「規範」の概要はQ1の図表をご参照いただきたいのですが、近年、社会のあらゆる場面で「倫理の法化」「法の倫理化」が進む一方、規範の細分化が進み、規範の全容が見えづらくなって

います。その意味では、「木を見て森を見ず」の弊もあり、社内外の専門家に「教えて」と頼れる「受援力」も大切となっていますが、最後の最後、決断するのは経営者です。

それゆえ、経営者は、規範的思考を取り入れ、自らの「プリンシプル」――"考え方の軸（背骨）、ブレない哲学"を持つことが一層重要になっています。

規範とか倫理哲学というと、「簡単なことを難しくいうことでしょ？」という声もありそうですが、そうではなく、それまで何となく見過ごしてきたこと、曖昧なままにしてきたことを突き詰めて考え、本質を明らめることです。それは、「善く生きる」（well-being）ということにほかなりません。

本書は、誠に僭越ながら、以上のような観点から、経営者のみなさんの私設応援団として、実務において必要な「意識」「知識」「技能」（注2-3）を提供することを目指したものです。

半六先生からのアドバイス！

■「決断と実行」――1つひとつ自ら決断し、その結果の責任をとるのが経営者。経営者のミッションは儲ける仕組みをつくり、「目的」と「目標」を示して結果を出すこと

■哲学は思考、倫理は実践。「こうすべきだ」というだけなら学生さんの議論。それを実際に実践し、結果を出していくのが経営者

■経営には広い裁量と無限の濃淡がある。恐れず侮らず、フェアウェイを堂々と歩く

■不機嫌は怠惰（ゲーテ）。傲慢は敵。孤独な経営者こそ、笑いとユーモアを

（注2-1）レアケースとはいえ、取締役に代表訴訟リスクがあることは事実で、D&O保険や責任限定契約、会社補償契約等の備えは必要です。

（注2-2）Volatility・Uncertainty・Complexity・Ambiguityの頭文字からなる造語で、未来の予測が難しい混とんとした状況を指しています。

（注2-3）知識・意識・技能については、拙著『いちからわかる・使える「契約」Q&A～今さら聞けない現場のギモンを解決～』（2022年、第一法規）7頁参照。

Q3 Uuestion

規範的思考に欠けたモノの考え方って、例えばどんなものですか？

Ａ　現場の都合を優先し、その場しのぎで「場当たり」的に対応してしまうことです。何ごとも、まず「目的」を意識しましょう。

――――――― 解　説 ―――――――

1　これってどう考えたらいいんだろう？

　仕事をしていると、まったく見当がつかない問題に直面することって、ありますよね。

　そんなとき、「とりあえず相手のいうとおりにしておこう」というのが「気のいい日本人」の習性です。もちろん、それによって波風立てずに収まる場合も多いのですが、責任を負う立場にあるときは、いったん立ち止まり、一呼吸置いて、自らの「本分（目的）」と「職分（役割）」を意識しましょう。

2　株主でない人を入場させていいですか？

　唐突ですが、「株主総会」って、みなさん、どんなイメージを

お持ちでしょうか？

　部外者にとっては「年に１度のお祭り」ですが、会社の担当者にとっては、ダークスーツの経営陣が勢ぞろいし、警備員まで配置されて、どこか緊張感が漂ってますよね……。

　何事も、結果に責任を負う者が緊張するのは当然ですが、現場最前線で株主をお迎えする受付担当者ももちろん緊張しています。その頭の中は、「いかに混乱なく受付を終わらせるか」でいっぱいでしょう。

　そこで、例えば、突然、「株主である父親からいわれて代わりにきた、遠方からきたのでぜひ中に入れてほしい」なんていわれたらどうでしょう？　ヘタに断って混乱させたくない、このまま帰ってもらうのは気の毒だ、と気を回し、つい入場させてしまうこともあるかもしれません……。こんなケースでは、一体どう考えたらよいのでしょうか？

　「規範的思考」で最初に想起すべき第１条は「目的」です。つまり、そもそも株主総会とは何で、それは何のために開催するのか、ということです。

　株主総会とはshareholders'meeting、つまり株主の集まりであり、その目的は、会社の過去１年間の成果について経営陣から報告を受け、配当金や次期経営陣を決めることです。したがって、それは「株主」が参加する場で、株主以外の人は参加できません。まずは、この当たり前の「原則」を意識するのが規範的思考の第一歩です。

　この原則に「例外」はないのか、というと、ないわけではありません。例えば、会社や自治体といった法人が株主の場合、代表者本人以外ダメだとすると、参加が難しくなり、質疑や議決権

の行使が著しく制限されます。そこで、代表者以外の従業員（総務部長など）が代わって出席することも可能とされています。

　また、定款で代理人を株主に制限している場合であっても、総会を攪乱させ会社の利益を害するおそれがないと認められるときは、定款による制限の効力は及ばない、とされています。これも、株主の議決権行使を実効あるものとするための例外です。

　したがって、設例のケースでも、入場を認める必要性や、総会を攪乱させる弊害の有無、つまり、「特段の事情」の有無を考慮して判断することになります。

　ただ、株主でない者は出席できないのが「原則」ですから、「特段の事情」については、出席したいという側に説明や立証をしてもらう必要があります。それもないのに安易に入場を認めるべきではありません。

　このように、「そもそも」論から原則と例外を考えるのが「規範的思考」、これに対し、現場（担当者）の都合だけで判断するのが「規範的思考の欠けた思考」といえるでしょう。

3　退場命令の可否
──think small（具体的に考える）──

　規範的思考というのは、「○か×か」という「二値的な思考」とも区別されます。

　コロナ禍の最盛期、「議長は、マスクをつけていない株主に退場を命じ得るか？」が議論されました。

　「議長には議場の秩序維持権・会議の議事整理権がある、だから、マスクを着用しない株主の退場を命じ得る」というのは

まだ初心者レベルです。ベテランは、株主が命令に従わない場合の対応も含めて「具体的に」考えます。それは次のような思考です。

・もし議長が退場命令を発し、その適法性が争われた場合、裁判所はどんなふうに考えるだろうか。

・株主や会社は、それぞれの立場から、自らに有利な具体的事情を主張・立証するだろう。

・その場合、裁判所は、おそらく議事整理権や秩序維持権から一瀉千里に結論を出すのではなく、言葉の皮を剥ぎ、双方の主張・立証を踏まえて具体的事実に基づきその事案限りの個別判断を示すことになるだろう。

・例えば、会場の設営状況や株主の出席状況、招集通知にマスク着用が記載されていたか、総会冒頭で着用をアナウンスしていたか、事務局がマスクを準備・提供していたか等様々な事情を総合的に考慮して判断するはずだ……。

　このように、当事者双方の言い分も十分想定した上で複眼的かつ具体的に考えるのが規範的思考です。

4　先回りして反論を封じ込める

　実務上、退場命令はあくまで「伝家の宝刀」であり、十分な準備もなしに安易に発するべきではなく（もしそんなことをすればかえって議場の混乱を招いてしまいます。）、具体的手順をあらかじめ用意しておく必要があります。

　例えば、開会宣言の前にマスク着用をアナウンスする、議長は違反者には繰り返し着用を依頼する、事務局も議長の指示が

あればマスクを交付できるよう準備しておく等、その手順を具体的に取り決めておくのです。

そして、議長から違反者への依頼は、例えば「3回以上」というように具体的に決めておくと、議長も自信を持って対応することができます。それが「実務の智慧」といわれるものです。

このように、いわば「先回り」し、当該株主から出されるであろう反論を想定して、それを一つひとつ潰していくことが「具体的に考える」ということです。

半六先生からのアドバイス！

■法律の第1条は「目的」。何事もまず「目的」から考える

■「A perfection of means, and confusion of aims, seems to be our main problem.
手段は完璧だが目的が混乱している。これが現代の主要課題だ。」(A.アインシュタイン)

■「裁判官ならどう考えるか」──それが現場に必要な規範的思考

■先回りし、相手方から想定される反論を一つひとつ丹念に潰していく

Q4
Uuestion

企業経営者は、日ごろ、
リスク・コンプライアンス
について、何を意識し、
どう行動すべきですか？

A 自社の「企業理念」と自らの「役割」を意識し、「理」と「利」にかなった言動で従業員を率先垂範してください。**実践のポイントは「経営判断の原則」と「説明責任」、そして、「言い訳」を封じ込むことです。**

―――――― 解　説 ――――――

1　ある「お題」

　この問いは、ある企業グループから講演の「お題」（テーマ）としてお示しいただいたものです。正直にいうと、私はそれまで経営者の日ごろの心がけについて具体的に考えたことがなく、うーん、とうなってしまいました。このQ&Aは、それをきっかけに、私なりの思索をまとめたものです。

　なお、以下は主に「平時」を想定したものですが、「有事」と「平時」は別ものではなく地続きに連続していますので、「有事」に関する**Q40**以下も併せてご参照ください。

2　意識、知識、技能

　何事も「実務」に必要なのは「意識、知識、技能」の３つだと思います（**注4-1**）。これは経営においても同様で、それぞれのポイントは、次のとおりです。

① **意識**

　　経営者が意識すべきは、自社の「本分」（＝存在目的）と自らの「職分」（＝役割、義務と責任）です。

㋐　**本分**

　　　自社の「本分」を言語化したものが「企業理念」であり、その根底にあるのは「自利利他公私一如」（**Q12**）です。

　　　経営者にとって、「企業理念」の価値を体現することがすべての行動規準です。しかし、往々にしてこの点を忘れ、「数字」のみを追いかけてしまうところに、多くの企業不祥事の原因があります（**Q15**）。

㋑　**職分**

　　　「職分」については、「法的責任」が論じられることが多く、究極的にはそれも大事ですが、実務上、より重要なのは「説明責任」です。それは、一言でいえば、「いつ何時、どこに引っ張り出されても理と証拠に基づいて堂々と説明できる」という自信と、そんな自信に裏付けられた晴れ晴れとした心、といってもよいでしょう。自らの「役割」を自問し、「大丈夫、どこに引っ張り出されても堂々と説明できる！」という自信を持てるのなら、積極果断な決断も何ら恐れる必要はありません。逆にいうと、経営者の決断は、そんな自信に裏付けられたものでなければなりません。

② 知識

　考えるためには知らなければなりません。知識がなければ「視れども見えず」になってしまいます。その意味では、経営者の無知は罪なのです。

　経営者は、自社の経営課題やリスクを曖昧なまま放置せず、突き詰めて考え、対策を打っていかなければなりません。

　思考は言葉、言葉は思考です。人間は言葉で思考し、行動する動物ですから、言葉の意味を正確に理解することがすべての第一歩です。

　笑い話ですが、ある会社の方と食事をしていた際、「あぁ、それは〇〇ということだと思いますよ。知らんけど」と何気なくいったところ、「先生！　それは弁護士として一番ゆうたらアカン言葉とちゃいますか？……知らんけど」と返され、大笑いすると同時に、ハッとしました。この伝でいうと、例えば、経営者は「それを『談合』というなら談合かもしれん。しかし、そんなのは『談合』とはいわないはずだ。知らんけど。」では困るのです。私の敬愛するある会長さんのお言葉（**注4-2**）をお借りすれば、「抜け策！　それでいいのか？　もっとよく考えろ！」ということです。ここに「抜け策」とは、策が抜けていること、つまりは考えが足りていないことです。住友の事業精神でいうところの「萬事入精」です。

　リスク管理とは、リスクを曖昧なまま放置せず、課題を課題として抉り出した上で、（絵空事ではなく）自分事として取り組むことです。その際、有効なのが他社の失敗、特に業態を同じくする同業他社の失敗です。自社の失敗ですら、これを活かしきるのは難しいものですが、他社の失敗をも自分の失

敗の如く考え、その痛みを理解し、真の気づきを得て「他山の石」にできれば、会社は大きく成長できるでしょう。そして、それを教訓に、担当者の「言い訳」を徹底的に封じ込むのです。

③ **技能**

そして、思考上のスキルとして最も重要な拠り所となるのが「経営判断の原則」です。

「経営判断の原則」というと、「あぁ、要するに経営者としての判断のことか」と誤解されがちですが、これは普通名詞ではなく専門用語で、裁判所によって積み重ねられてきた判例法理──人間社会の英知（インテリジェンス）といってもよいものです。それは、「経営者のルール」である以前に「裁判官のルール」なのです。経験的に申しあげると、この「経営判断の原則」を真に理解し、実践することこそが経営者に求められる最大の技能だと思います（**Q38参照**）。

以上3点を拠り所に、素のままの自分ではなく、時と場に応じ経営者としての「役割を演ずる」ことです。

かつて、マスコミの取材に対し「オレは寝てないんだ！」と不機嫌に怒鳴った社長さんがおられました。その心情は非常によくわかりますが、ここは社長さんとしての「役割を演じる」ことが大事なのでしょう。

3　チャレンジしていること

「リスクがあるんならやめとこか……」そんな思いが心をよぎることは、人間なので、誰しもあると思います。

しかし、そこでシュリンク（萎縮）し安全サイドの選択ばかりしていては、結局、会社を衰退させることになりかねません。なぜなら、時代はどんどん変化しているからです。リスクをとってチャレンジしないこと自体がリスクになっているのです。そして、チャレンジしていなければ「経営判断の原則」も適用されません。

　株主は、経営者に対し、「十年一日」の安全運転を期待しているわけではありません。それだけなら従業員がいれば十分で、「経営者」なんていらないのです。多くの株主は、多少リスクはとっても（もちろん理と根拠のない博打はダメですが）大きく稼ぎ、大きなリターンを期待しているはずです。リスクが嫌なら銀行預金にしておけばよく（これすらノーリスクではありませんが）、「株式」に投資する以上、上振れもあれば、下振れもあるからです。

　そうだとすれば、経営者たる者、逃げたり先送りしたりするのではなく、進んでリスクを引き受け、課題に正面から取り組んでいかなければなりません。顧客より「上司の通知簿」を気にしている「サラリーマン」根性ではダメなのです。

　そのためには、「think small」、具体的に考え抜き、徹底的に準備して、「価値ある挑戦」をすることです。これは、ある新聞広告にあった作家村上龍氏の言葉なのですが（**注4-3**）、私はそれに深く共感し、その切り抜きを長年保存していました。その一部を引用させていただくと、次のとおりです。

　　「価値ある挑戦というのは、本来決して無謀なものではなく、周到な準備に支えられた案外地味な行為である。確かに、価値があればあるほど、外部から見るとその挑戦は

無謀なものとして映る。周到な準備と言っても、永遠に続けるわけにはいかないので、挑戦者はどこかで断崖から身を投げるように行動に移る。…（筆者略）…どんな挑戦でも、そのための準備は、とても地味で、基本的に孤独な作業となる。だが、その地味で孤独な作業だけが、断崖から身を投げる勇気を与えてくれる。そして、成否ではなく、準備の過程だけが、さらなる挑戦への自信となる。」

半六先生からのアドバイス！

■「志高ければ、災い何を恐れるか」（アニマル浜口）

■顧客の利益を考えるのが商人、上司の評価を気にするのがサラリーマン。「サラリーマン根性」ではなく「商人魂」を

■すべては因果の流れの中にある──自分が播いた種を刈りとる

■リスクは、逃げれば逃げるほど追いかけてくる。だから、逃げるのではなく、正面から向き合う

■「社長は社長をやれ」（エステー　鈴木喬会長〈現特別顧問〉）

(注4-1) 「経営」だけでなく「契約」も同様です（前記 (注2-3)）。

(注4-2) 『SHIP　医療の現場を支え続けるシップヘルスケアグループ成長の軌跡』（2016年、日経BPコンサルティング）より。

(注4-3) 2000年5月29日付日経新聞の三井物産株式会社広告より。

II

コンプライアンス

Q5～Q23

Q5
Uuestion

日本語で法令遵守と
いえばいいのに、
なぜコンプライアンス
なんて格好をつけるの
ですか？

A　「コンプライアンス」とは「法令遵守」のことではありません。
「法令遵守」は、コンプライアンスのごく一部、いわば**最下層**
のボトムラインにすぎません。

解　説

1　ある理系教員の言葉

「何でわざわざ『コンプライアンス』なんてカッコつけんねん。
日本人なんやから、日本語で『法令遵守』といえばええやないか。」
──これは、私が、親しい友人（理系の大学教員）からいわれた
言葉です。関西人同志の気の置けない関係ゆえ、まことに率直
な物言いですが（普通の大人は、ここまで率直に「内言」を口に
出したりしませんよね（苦笑））、心の中では、こんなふうに「カッ
コつけんな！」と感じておられる方も多いのかもしれません。

ただ、これはおそらく、「コンプライアンス」という言葉の意
味を正しく理解していません。前述したとおり、人間は言葉で
思考し、行動する動物ですから、言葉の意味を正確に理解する

ことが初めの一歩です。

　ちなみに私が折に触れて思い起こすフレーズに、次のようなものがあります（**注5-1**）。

　　「言葉を正しく知らないのなら、聞いたこと、読んだことを正確に理解できていないのはあたりまえだし、正しく表現できてもいない。それは同時に、世界をちゃんと理解していないことであり、また自分の意見が正しく伝わっていないことを意味するのである。」

　なお、本書で扱うのは「企業コンプライアンス」、つまり、「営利」（稼いで分配すること）を目的とした「企業」において人が共に働く場面を想定したものです。「コンプライアンス一般」ではありませんので、その点を最初にお断りしておきます。

2　コンプライアンスとは？

　コンプライアンスは英語でcompliance。学生時代に習ったように、動詞は"comply with ～ "で、意味は「～にあわせる・適合させる」。同系語はcomplete（完全な）とsupply（提供する）で（**注5-2**）、その語源は、「完全なものを提供する」ということです。

　この「～」の部分には、もちろん法令も入りますが、それだけには限りません。法令は最低限のルールですが、人間社会には、それらハード・ロー（成文法）をコアとしつつも、人類が共同生活を始めて以来、数十万年もの間に形成してきた倫理やモラル、道徳があります。

　このうち、「倫理」は、成文化可能な、より具体的な規範（ethics）、これに対し、モラル（moral）や道徳はもう少しぼやーっとした

感じですが、以下では特に区別せず「倫理」と表記します。

　また、企業社会では、これに加え、「企業理念」を頂点とする社内ルール（各種の行動規範や就業規則など）、事細かに取り決められた業界ルール（公正競争規約など）もあります。

　そういった成文・不成文のルールも含め、あるべき「規範」に適合した瑕疵（キズ）のない「完全なものを提供する」のがコンプライアンスで、これをイメージすると**図表3**のとおりです。

図表3▶コンプライアンスという「規範」の構造

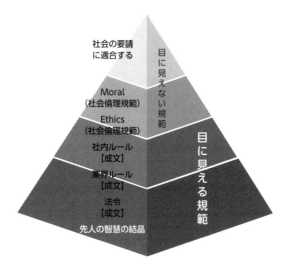

　ちなみに、2000年施行の改正民法では「瑕疵」が「契約不適合」という言葉に置き換わり、意味が捉えやすくなりましたが、これになぞらえると、コンプライアンス違反は「社会不適合」といえるでしょう。

3　法令に違反しないことか？

　コンプライアンスのコア（中核）ないし最下層が「法令遵守」にあることは間違いありませんが、法令を遵守するだけのことなら当たり前のことです。それだけならこの教員のいうとおり「法令遵守」で足り、わざわざコンプライアンスという言葉を使う必要はありません。言い換えれば、コンプライアンスは法令遵守とイコールではありません。

4　法文にはなくても……

　かつて、あるメーカーの瞬間ガス湯沸かし器の回収（リコール）が問題になったことがあります。当該メーカーの湯沸かし器には安全装置が設置されていました。ところが、現場でそれが不正に改造され、一酸化炭素中毒死事故が発生しました。改造したのは現場で、メーカーではない。だからメーカーは、法的責任はないと判断し、警告は行ったものの、回収までは行いませんでした。

　この場合、回収しないこと自体は、何か個別の法令に違反したわけではありません。回収のコストやレピュテーションリスク（悪評が立つこと）を考えると、それはそれで1つの経営判断だったのかもしれません。しかし、それによってメーカーは厳しい非難を浴び、業務上過失致死傷罪で社長らが有罪判決を受ける結果となりました。

　これを、「結果の重大性を考えるとやはり適切ではなかった……」と、レトロスペクティブに（結果から後づけで）批判する

35

ことは簡単ですが、営業目標もある中で「じゃあ、お前なら回収を決断できたのか？」と問われれば、正直、私も自信はありません。

ただ、人の命はお金には代えられません。

また、法的責任には「読めない」怖さがあります。「法令違反」というと、何か、どこかに白線が引いてあってその一線を越えるというイメージがあるかもしれませんが、実際には目に見える白線が引いてあるわけではありません（**Q7**）。しかも、ひとたび「法令違反」とされると、行政処分による許認可の取消や営業停止、入札参加資格の喪失等に加え、インターネットやマスコミでの「炎上」（**Q21**）その他で、積極損害（出ていくお金）・消極損害（得られたはずのビジネスチャンスを失う）など被害は甚大です。いったん地に落ちた悪評の回復には多大なコストと時間を要し、従業員の士気も落ちます。

だから、「法令違反」が疑われないよう、他社の失敗を「他山の石」として日々学習し（一種のイメージトレーニングですね。）、少しでも損害のリスクを回避・低減しようというのがコンプライアンスの根底にある考え方です（守りのコンプライアンス）。

5 「セクハラ罪」という罪はない？

もう1つ例を挙げますと、かつて「セクハラ罪という罪はない」という発言が問題になったことがあります。これが、現役の財務大臣（首相経験者）の発言であったことを考えると、口に出すかどうかは別として、人の心の奥底には、「犯罪にならなければ（捕まらなければ）よいのではないか」という意識があ

るのかもしれません。

　しかし、犯罪にはならなくても損害賠償責任を問われることはいくらでもありますし、そもそも法治国家では犯罪に当たるかどうかは一目瞭然ではありません。裁判というのは、検察官と弁護人が時間をかけて主張・立証を戦わせていく中で裁判官が認めた事実を真実と「見做す」（真実として扱う）という仕組みです——これをアドバーサリーシステム（当事者対立構造）といいます——。訴訟で認められた「訴訟的真実」は「神のみぞ知る」「自然科学的な真理」であるとは限らず、その意味では一種のフィクション、いわば「世の中のお約束」にすぎません。ましてや昨今のようにフェイクニュースが蔓延するネット社会では「何が事実か」は一層、曖昧模糊としたものになってきています。

　そんなこんなで、「犯罪」にならなければよいという発想は、瑕疵のない完全なものを提供するというコンプライアンスの考え方（**Q10**のとおり、2面あります。）とは根本的に相いれないのです。

6　小さな誤解が大きなミスに……

　「コンプライアンスとは何か？」の詳細は順にご説明しますが、会社の舵取り役である経営者のみなさんの「ちょっとした誤解」で会社を誤った方向に迷走させてしまわないためにも、まずは、
・コンプライアンスとは法令遵守のことではない
・法令遵守はコンプライアンスの最低レベルにすぎない

・コンプライアンスというものはもっと高いレベル、つまり、法令遵守を超えたところにあるのだ
・また、「法令違反」かどうかは、後から他人の「後智慧」で決められるのだ

ということをぜひとも頭に叩き込んでおいてください。

 半六先生からのアドバイス！

■「法令遵守」なんて当たり前、それはコンプライアンスの最下層。だから、ビヨンド・法令遵守——「法令そのもの」より「法令の目指したもの」を目指す

■パターナリステック（怖い親父・家父長主義）な事前規制型社会から、独立自尊の事後救済型社会へ

■コンプライアンス社会は「優しい社会」ではなく、自助努力・自己責任・ときに足の引っ張り合いもある「厳しい社会」

■だから、「理と証拠に基づいて、理にかなった説明をしてください。」ということ（説明責任）

(注5-1) 白取春彦著『頭がよくなる思考法』(2005年、ディスカバートゥエンティーワン)
(注5-2) 新井政義編『旺文社英和中辞典』(1986年、旺文社)

Q6 Uuestion

法令遵守といわれても、正直、まったく興味が湧きません。

A 「法令遵守」を「しなければならないもの」や「やらされるもの」と考えると、しんどくなります。「やらされ感」ではなく、「先人の貴重な智慧」「会社と自分を守るツール」と捉え、前向きに取り組んでみてはいかがでしょうか。

解 説

---

1 コンプラ疲れ……？

　ナントカのひとつ覚えみたいに「法令遵守！」「コンプライアンス！」とやかましくいわれると、やらされ感が前面に出て、正直、疲れちゃいますね……。これを俗に「コンプラ疲れ」「過剰コンプライアンス」といいます（念のため付言しますと、真の意味でのコンプライアンスに「疲れ」とか「過剰」ということはあり得ません。Q12 ～ Q14）。

　そんなことも背景にあると思うのですが、会社でコンプライアンスをテーマにお話をするのって、ホントに難しいですね。実は、私も、講演を終えた後、「……」という気持ちになったことが何度もあります。

2　コンプライアンスを語るのが難しい理由

　コンプライアンスを論ずるのが難しい理由は、第1に、会社でコンプライアンスの話を積極的に聞きたい人など、おそらく一人もいないからです。人が本当に聞きたいのは、他人の生[なま]の経験談、とりわけ、ワクワクする成功物語やドキッとする失敗談、そして実務に役立つ「使える」話で、聞きたくない話の代表が「法令」や「倫理」「お説教」です。

　第2に「コンプライアンス」の意味するところが抽象的で、一体どのレベルの議論をしているのか──違法性の問題なのか妥当性の問題なのか、立法論なのか解釈論なのか──がわかりづらいことです。

3　法令は先人の残してくれた智慧

　でも、私はときどき思うのですが、憲法をはじめ「法令」って、実は先人から伝承された貴重な「智慧の塊」なのではないでしょうか。また、「倫理」というのも、決して退屈なお説教などではなく、私たち人間を人間たらしめている最も根源的な「本能」に由来するものだと思います（**Q12**）。

　後述するとおり、「倫理」とは「人のみち」であり、「倫理的である」とは「誰に対してもちゃんと説明できること」ですから、理をわきまえ、利にかなった行動をすることは「儲[もう]け」にもつながりますし、何よりも心の平安が得られます。同じやるなら、ここはひとつ、考え方を切り替えてみましょう。

4 会社や自分を守る盾とする

みなさんもおそらく実感しておられるとおり、ビジネスにおいて「力関係」は不可避です。

客先からムリな要求を受けたり、中にはムリやり金品を押しつけてくるようなこともあるかもしれません。

それを強いてお断りすると、「オレのいうことが聞けないのか？」「オレに恥をかかせるつもりか？」と凄まれ、結局、黙って受け入れざるを得ないこともあるかもしれません。しかし、いったん受け取ったが最後、否応なく「共犯」関係に引きずり込まれ、相手の「術中に嵌ってしまう」ことになりかねません。

そこで、そんな時代錯誤の相手に対しては、「法令遵守」を持ち出しましょう。例えば、次のような対応はいかがでしょうか。

> 「せっかくですが、私の立場でこれを受け取ると、法令に違反してしまいます。そんなことになればオタクにもご迷惑をおかけしてしまいます。お気持ちはありがたいのですが……。どうぞご賢察ください。」

これは決してその場限りの「方便」や「言い訳」ではなく、法令上も正しい対応です。意外と見落とされがちですが、会社役員には公務員と同様に「収賄罪」があります（**注6-1**）。また、場合により、会社に対する善管注意義務（善良な管理者の注意義務）や忠実義務（会社のためその利益を図るべき義務）の違反として損害賠償責任を問われることもあります。

このように、力関係上なかなか断りにくい相手や反社（暴力団その他の反社会的勢力）に対しては、「法令遵守」を「大義名分」としてお引き取りいただくのが有効です。

5　最高裁判決の使える言い回し

　併せて、会社経営者の方にぜひ、頭に置いておいていただきたい最高裁の「使える言い回し」をご紹介します（下線は筆者）。

　　　「会社経営者としては、…不当な要求がされた場合には、<u>法</u>
　　　<u>令に従った適切な対応をすべき義務を有する</u>…。前記事実関
　　　係によれば、…警察に届け出るなどの適切な対応をすること
　　　が期待できないような状況にあったということはできない」

　この判決（**注6-2**）は、大阪からヒットマン（殺し屋）がきていると脅され、巨額の資金提供等を余儀なくされた結果、経営者個人（！）が最終的に583億円もの賠償責任を命じられたものです。大変な額ですが、余談ながら、2022年には13兆3,210億円という過去最高の天文学的な賠償命令が出ましたね……（**Q37**）。

　その意味で、「やむを得なかったんだ……」と「言い訳」したくなったときに必ず思い出していただきたいのが上記の言い回しなのですが、これは、不当要求を拒む大義名分としても応用可能です。

　例えば、反社その他からムリな要求を受けた場合は、

　　　「株主から経営を託された会社経営者としては、法令に
　　　従った適切な対応をすべき義務がありますので、申し訳あ
　　　りませんが、本件には応じられません。」

といった具合です。

6　社内規則の活用

　以上の発想は、社外向けだけなく、社内不正に対しても有効

です。

　社内で、上司からルール違反の指示や依頼があった場合、部下として断れないことも多いものです。そんなとき部下を守る仕組みとして、内部通報制度がありますが、通報制度を使うことはちょっと勇気がいります。そこで、もう少しハードルが低い方法として、「社内規則（懲戒規定）を盾として使う」ことを推奨してみてはいかがでしょうか。例えば、

　　　「ご指示に従うと、社内規則に違反してしまいます。懲戒

　　　処分となった場合、事情聴取でご迷惑をおかけしてしまい

　　　ますので、申し訳ありませんが、お受けできません。」

といった具合です。

　このように、法令遵守は、会社を守るだけでなく、従業員、さらには経営者自身を守ってくれる有効なツールなのです。

　法令は、単に「守らされる」ものではなく、先人から受け継いだ貴重な「智慧の塊」として、有効に活用することもご検討ください。

半六先生からのアドバイス！

■法令は、先人から受け継いだ貴重な智慧の塊

■「法令遵守」は、不当要求を穏便に、しかし毅然と断る「大義名分」としても有効

（注6-1）会社法第967条。ちなみに、これは弁護士も同じです（弁護士法第26条）。

（注6-2）最判平成18年4月10日（蛇の目ミシン株主代表訴訟事件）

Q7
Question

法令遵守の白線を
越えないようにするには
どうすればよいの
ですか。

A 「白線」なんてどこにもありません。それは後から第三者が
引くものです。グレーの領域をビジョンとロジック、そして
理と証拠によって内側にしていくこと、つまり、儲ける（＝
社会に貢献する）ための自らの決断を正解にしていくことこ
そが経営陣の仕事です。

――――――――――― 解 説 ―――――――――――

1　よくある誤解

「白線の内側と外側はどうやって見分けたらいいのですか？」
――そんな相談を受けることがよくあります。

「どこまでなら許され、どこからはダメなのか、そのボーダーラ
イン（線引き）を知りたい！」というのが現場の要請であるこ
とは私もよく理解できるのですが、「違法と適法との間には明
確な一線（白線）がある」というのは誤解といわざるを得ません。

2 グレーゾーンでのチャレンジ

当たり前のことですが、世の中の事象には「これは適法です」と書いているわけではありません（書いていてもそんなのは鵜呑みにはできません。）。ホントのところ、適法か違法かよくわからないのが大半で、新規事業なんかはたいていそうだと思います（いわゆるグレーゾーン）。

最近では、生成ＡＩとかeスポーツの分野がそうですし、法律事務と非弁行為（弁護士法第72条違反）（**注7-1**）、正当な営業活動と談合・カルテル、教育指導とパワハラのボーダーライン（線引き）なんかもそうです。ただ、最近は役所が早い段階でガイドラインや指針を示してくれますので、だいぶわかりやすくなりましたね。

3 訴訟弁護士の主張・立証活動

「線が見えない」とか「先が読めない」というのは、訴訟弁護士にとっては日常茶飯事です。どう書けば裁判所にアピールできるか（主張）、どうやって立証していくか（証拠の収集・選定）、どう問えばポイントがわかりやすく伝わるか（尋問）、敗訴判決をひっくり返せるか（控訴）等々、日々すべてがグレーゾーンです。

控訴の例でいうと、自分（弁護士）としてはひっくり返せると思うし、ひっくり返さなければならないと思うが、どんな裁判官にあたるかもわからず、やってみないとわからない、しかし手続費用や時間コストを負担するのは依頼者なので、ムリに奨めることもできず、見通しや費用、裁判の期間等を説明して

決めてもらうしかない、ただ、丁寧に説明すればするほど依頼者も不安になるというジレンマもある……そんなこんなで本当に悩ましいものです。

「正解」がない中、自己責任でチャレンジし、暗中模索して自分たちの決断を正解にしていく、という意味では、弁護士の業務はグレーゾーンそのものです（**注7-2**）。

4 役所へのお伺い

欧米人は「禁止されてなければやってよい」と考えるのに対し、日本人は「やってよいという法令がなければやってはいけない」と考えがちで、グレーゾーンでは「お墨付き」を求めて役所にお伺いを立てることも多いと思います。

しかし、実際のところ、役所の担当者がどこまでそのビジネスを理解してくれているか不明ですし、いざというときに責任をとってくれるわけでもありません。役所の基本は「先例踏襲」ですが、先例のない新規のビジネスをやろうとしているわけですから、何でも役所に頼っていたのでは、結局、チャレンジしないまま終わってしまうことになりかねません。もちろん、「お上」のお墨付きが得られれば安心感が高まりますが、あらゆる場面で「免罪符」になるわけでもありません。

それゆえ、何より大切なのは、自分たちの頭でビジョン（新しい価値）とロジック（現行法や契約での理と利）を徹底的に考えること、他責ではなく自責、自分の責任でやるという「覚悟を決める」ことだと思います。

5 「抜け策」を防ぐ

そのためには、「Think small」、課題を明確にして具体的方策を考えることです。

失敗の原因も対策も、「外」ではなく「内」にあります。リスクは無限にありますが、観念的なリスクに踊らされることなく、デブリーフィング（貴重な体験をした人との徹底した対話、「知情意」すべての聴き取り）で現実的なリスクを抉り出し、課題に真正面から向き合い、具体的に対策を打っていくのです。

人間って、たいてい、「責任を負いたくない」と考えがちですが、そもそも「責任」って何でしょうか？「法的な責任」に備えることはもちろん重要ですが、そんなのはごくレアケースです。実務で問われるのは経営責任、つまりは「説明責任」です。大事なのは、法令と契約の基本を押さえたビジョンとロジック、そして理と証拠です。

6 刑罰法令の白線はあるか？

ただ、「犯罪」は何としても避けなければなりません。

「犯罪として立件されるものとされないもののボーダーライン（線引き）って、あるのですか？」──そんな質問を受けることもありますが、これも「白線」はありません。

捜査機関は、捜査の端緒があり、証拠があり、かつ、犯罪と思料したものを立件します。確かに、これらがすべてそろいながらあえて起訴しないこともありますが（起訴猶予）、そこに期待すべきではありません。

経営者がなすべきことは、「犯罪や不正は必ず通報される」という覚悟を持って、日ごろから徹底的に不正を抑止し（**Q36**以下）、不正を認知したときは直ちに自浄作用を働かせる（**Q19**）──これに尽きると思います。

　なお、会社でよくある失敗は、不祥事発覚後の事後対応ミスで（**Q44**）、単なる過失が、事後対応のまずさで証拠隠滅などの刑事事件に発展してしまうこともあります。「隠すな、庇うな、変えるな」の３Ｋには十分ご留意ください。

半六先生からのアドバイス！

- ■踊らされるな　自ら踊れ
- ■跳ぶ前に見よ
- ■「楽しい仕事」はない　「楽しく仕事をする人」がいるだけ
- ■人生、燃えてなければ何事もなし遂げられない
- ■サラリーマン根性ではなく、商人魂を

（注7-1)「非弁行為」とは、弁護士でない者が報酬を得る目的で弁護士にのみ認められている「法律事務」を業として行うことで、このような行為は刑事罰をもって禁止されています。

（注7-2）前出（注1-3)「不当な事件」参照。

Q8
Question

経営者として一番注意しておかなければならない法令って、何ですか？

A 本業に関する「業法」、特に罰則です。

――――――― 解　説 ―――――――

1 「業法」は業界の智慧の塊

　コンプライアンスが「法令遵守」に尽きるものでないことは繰り返し述べているとおりですが、「法令」とは「あるべき姿」「過去の失敗に学んだ先人の智慧」であり、「守る」より「活かす」ものです。

　とりわけ業界の特別法（いわゆる「業法」）は、その道を切り開いてくれた先人が残してくれた貴重な遺産です。

　また、そこで定められた「罰則」は、その業界で絶対にやってはならないブラック行為リストです。それらの多くは「自利利他公私一如」（**Q12**）の観点から「みんな」に害を及ぼす行為をリストアップしたものです。

　そんな業界の貴重な智慧を活かさない手はありません。

2　刑罰法令違反　──会社を潰さないこと

　経営者が注意すべき法令は、会社の業態や成長（成熟）段階等によって様々で、一概に「この法令さえ守っておけば大丈夫」という答えはありません。ただ、やはり何といっても一番怖いのは犯罪者になってしまうこと、つまり刑罰法令違反です。

　経営者の最大のミッションは「会社を潰さず、より良い状態にして次代につなぐこと」ですが、刑罰法令違反というのは社の死命をも左右しかねないからです。

　そして、ひとたび、刑事事件を起こしてしまうと、取引停止や営業停止、入札資格の停止や許認可の取消、悪評による売上の激減など、本業に重大なダメージが生じます。

　また、会社だけでなく、経営者個人としても、過去の実績は無に帰しますし、勲章ももらえなくなります（？）。ちなみに、聞くところによると、授勲の内示があると多くの経営者は車の運転もやめるそうです。事故（罰金刑以上）を起こすとせっかくの勲章もフイになってしまうからです。

　それはさておき、被疑者・被告人になると、それまでの平穏な日常生活との落差があまりに大きく、ショックの連続だろうと思います。腰縄による身体拘束、接見室での弁護人との接見、従業員や家族との接触の制限、独房での孤独な時間、捜索・差押によるプライバシー侵害、パイプ椅子での取調べ、公判に臨む恐怖と「これから自分はどうなるんだろう」という不安……。

　イチかバチかの海外逃亡を企図しそれを実行したカルロス・ゴーン氏の心情もわからないではありません。

3　大阪地検特捜部事件の衝撃

　「刑罰法規」に触れるかどうかなんて自明のことじゃないか、そんなのに引っかかるのはよっぽどのうつけ者だ、と思われるかもしれませんが、私が長年、弁護士をしていて、ハッとさせられた事件の1つが、2010年に起きた大阪地検特捜部主任検察官による証拠改ざん事件です。

　これは、検察側提出証拠のフロッピーディスクの日時を改ざんしたというものですが、「法曹」であり「捜査のプロ」である主任検事が証拠を偽造した衝撃もさることながら、「捜査のプロ中のプロ」である大阪地検特捜部長が部下を庇って逮捕・起訴され、有罪とされたことについて、です。

　直観的な「はやい思考」では、「父は子のために隠し、子は父のために隠す、直きこと其の中に在り」という論語の言葉が思い浮かびますが、それが、刑罰法規という「法令違反」により真っ向から否定されたのです。

　理詰めの「遅い思考」で考えれば、確かに「犯人隠避罪」に当たるのですが、正直、私も最初、ピンときませんでした。事の真相はわかりませんが、もしかすると、「はやい思考」のワナに捜査のプロ中のプロですら引っかかってしまったのかもしれません。プロでも引っかかるのだとすると、誰でも同じ過ちを犯しかねないということです。

半六先生からのアドバイス！

■まずは会社を潰さない
■晩節を汚さない。後半の良い人生にする

Q9
Uuestion

コンプライアンスは
法令遵守のことじゃない
とすれば、
何なのですか？

A 「規範」（あるべき姿）と「現実」を一致させようとすること
です。それは、一言でいえば、タテマエとホンネを一致させ、
「いつ何時、どこに引っ張りだされても理と証拠に基づいて
堂々と説明できること」といってもよいでしょう。

――――――――― 解　説 ―――――――――

1　コンプライアンスなんて「きれいごと」？

　日ごろ、会社の方とお話しをしていると、ホンネの部分にお
いて、コンプライアンスというものに対する「アウェー感」と
いうか「他人事（ひとごと）」感、「敬して遠ざける」感、ときに
はそれを通り越して、「形骸化」や「無関心」を感じることがあ
ります。中には、「守ってるフリをするのがコンプライアンスで
しょ？」と、タテマエとホンネの上手な使い分けを主張する人
もいます。

　その背景には、コンプライアンスという言葉にはどうしても
「きれいごと」「お説教臭さ」、つまり、「わかっちゃいるけどや

められない」ことをくどくどと説くうっとおしさがあり、加えて、その「本質」ないし「要件事実」が曖昧模糊としていてよくわからないことがあるのではないでしょうか。

2 妖怪が日本中を徘徊している……？

モノの本では、よく、「コンプライアンスとは、『法令遵守』ではなく『社会の要請』に応えることだ」と書かれていますが、これもいまひとつ意味がわかりにくいですね。まるで、「コンプライアンス」という名の、姿かたちはよくわからないがとにかく窮屈な妖怪が日本中を徘徊しているかのようです……。人間は「意味」を食べて生きる社会的動物ですから、そもそもなぜ、「コンプライアンス、コンプライアンス」とうるさくいうのか、そこのところが「肚落ち」しないとなかなかホンキにはなれませんよね。本書の目的はまさにその点を平易にひも解く点にあります。

──などと、ぐだぐだいっていると、気の短い社長さんからは、「要するにどういうことなんだ、わかるように、さっさと一言でいえ！」とお叱りを受けそうです（苦笑）。

3 コンプライアンスとは
   規範と現実を一致させること

そこで、私なりに一言でいえば、コンプライアンスとは、「あるべき姿（規範）と現実（事実）のズレをなくし、一致させていこうとすること」です。

それは、タテマエとホンネを上手に使い分けてきた「昭和」

的な生き方をやめ、起きている事実（現実）を直視し、たとえ今すぐはムリでも、時間をかけて理想と現実を一致させようとすることであり、「時間軸を置いた規範的思考」といってもよいでしょう。

　以下では、前出９頁の**図表2**を基にコンプライアンスの全体像を概説したいと思います。

4　法令遵守を超えて　──ビヨンド・法令遵守

　コンプライアンスのコアが「法令遵守」にあることは確かですが、それはあくまでコンプライアンスの一番下のレベルにすぎません（**Q 5**）。

　コンプライアンスとは、法的に正しいのは当たり前、時と共に変化する人間社会の中で、変化にしなやかに対応し、倫理的にも正しく（正しく見えるように）行動することであり、そのポイントは次の３点です。

①　法令遵守は「法益」を考える

　まず、コンプライアンスの底辺は、既存の法令の遵守、つまり、国が定めたルールに反しないことで、これは繰り返し述べているとおりです。

　少し言葉を足すと、これは、何かの拍子に「法令に反しているのではないか？」と問われても、「いいえ、反していません！」と、理（利）と証拠をもって正々堂々と説明できる、ということです。

　そのためには、法令を知っておくことはもちろんですが、「法令」の文字面ではなく、先人がそれによって目指したもの、法

令の「目的」である「保護法益」を探究しなければなりません。例えば、公共工事の入札談合について、「発注者もそれを希望しているのに何がいけないのか？」という声を聞くことがありますが、法令、例えば官製談合防止法が守ろうとしている「保護法益」は、発注者の個別利益よりも、公正な競争によって自由な価格形成が担保されること、ひいては納税者や消費者、つまり「みんな」の公益的な利益を保護するところにあります。このように、法令の「法益」を正しく捉えることが重要です。

② 各種ルールの尊重

そして、会社が自らの本分に恥じない行動をするためには、法令に限らず、「企業理念」を頂点とした会社のルール、公正競争規約等の業界のルールも尊重しなければなりません。

また、法令は、国会での審議等の手続上、どうしても「後追い」とならざるを得ませんが、人間社会で企業活動を続けていく以上、既存法令で明文化されているかどうかを問わず、人として・企業として守らなければならない「人のみち」（倫理規範）を意識しなければならないことも当然です。

③ 自利利他公私一如 ──法令遵守を超えて

ただ、以上は、どちらかというと、「ルールを守れ」「恥ずかしいことはするな」という「周囲の目」を意識した「守り」のニュアンスがあるのですが、より大切なのは、自らの本分をまっとうして顧客、ひいては社会に貢献することです。

つまり、単に「害をなさない」だけじゃなく「人のために善いことをしたい」というのが人間の本能であり、それこそが真のコンプライアンスです。それは結局、自社の「企業理念」、さらには、その根底にある「自利利他公私一如」（**Q12**）を実践する

こと、自分たちの強みを活かして社会課題の解決に貢献することにほかなりません。

　言い換えれば、「自分たちの行いについて、いつ、誰に対しても「企業理念」に照らし堂々と説明できる」という晴れ晴れとした心であり、作家司馬遼太郎氏の表現をお借りすれば「面の皮が乾いている」という感じでしょうか。

5　間違っていた場合　──レジリエンス

　念のため付言しますと、以上は、決して「間違いを犯さない」とか「失敗をしない」ということではありません。企業活動に完全無欠などあり得ないからです。

　偉そうにいっても、私自身、間違っていたかも……と背筋が冷たくなることや、恥ずかしい失敗はしょっちゅうあります。会社や組織なら、自分自身の判断ミスのときもあれば、前任者の判断ミスもあるかもしれません。そんな場合に一番まずいのはムリやりごまかして抜き差しならない事態に陥ることです。

　ちなみに、弁護士の場合、いくら上手にごまかしたつもりでも依頼者にはわかるものです。そんなときの私の指針は、「率直で、正直であること」「誤りを正すに憚（はばか）ること勿（なか）れ」「過去は変えられないが未来は変えられる」です。

　コンプライアンスで重要なことは、しなやかな現実主義、つまり、間違いや失敗も含め、すべての経験を今後の糧として活かしていく、ゴム毬（まり）のように折れない姿勢（レジリエンス）だと思います。

　そして、そんなふうに、失敗も含め何事にも学ぶ姿勢を忘れ

ず、オープンマインドでチャレンジし続けることこそ、企業の活力と成長、そして、従業員の幸せ（well-being）につながるのではないでしょうか。

　ちなみに、幸せとか幸福なんていうと「何を実証性のない青臭いことを……」といわれそうですが、国の最高法規である憲法にも謳われているんですよね（第13条）……。

半六先生からのアドバイス！

■コンプライアンスとはcomply or explain. 要は、いつ何時、どこに引っ張りだされても、自社の企業理念に照らし堂々と説明できること

■それは鯱鉾ばった「ルール」ベースではなく、「プリンシプル」ベースのしなやかな現実主義
「お前はどんな人間になんねん？」

■タテマエとホンネを上手に使い分ける「昭和」的な生き方から、タテマエとホンネが完全一致するトランスペアレント（透明性の高い）な社会へ。そんな理想主義こそ「令和」の生き方

■「あんた、それは理屈や！」
「いえ、理想です。理想や理念を言葉にして未来をつくっていくのが経営者です」

Q10

Uuestion

コンプライアンスって、結局、倫理のことなのですか？

A　そのとおりです。ただ、「倫理」には「予防倫理」と「志向倫理」の２つがあります。「コンプライアンス」も、これに対応して「守り」と「攻め」の２つの視点で考えるとわかりやすいでしょう。

———— 解　説 ————

1　倫理とは面倒臭いもの？

　「リンリ・リンリで夜も眠れず……」——倫理というと、咄嗟に「面倒くさいもの」「小うるさいもの」と感じ、「また『きれいごと』か……」と思われる方が多いことでしょう。

　でも、私が思うに、倫理というのは「きれいごと」などではなく、人間が幸せになるために伝承されてきた人類（ホモ・サピエンス）の智慧であり、それは人類が長年の間に形成してきた社会規範、つまり、人と人との関係を円滑にするための古からの智慧、換言すれば、幸せに生きるため「人としてのみち」を示してくれた、先人の貴重なアドバイスではないかと思うのです。

2 予防倫理と志向倫理

さて、一口に「倫理」といっても、そこには大きく「予防倫理」と「志向倫理」の2つがあります。

【予防倫理】
- ・「〜すること勿れ」
- ・「それはダメ」「こうしなさい」
- ・上（外）からの命令　義務の道徳
- ・お説教　危機感を煽る　不安　恐怖
- ・やらされ感　できるだけ近づきたくない
- ・他律　義務感　奴隷の道徳

【志向倫理】
- ・「どうありたいか」（意欲）
- ・「どうあるべきか」（当為）
- ・志　使命感　誇り　プライド　プロ意識
- ・主体性　自己内在的動機　やる気　ワクワク感
- ・自律　比べない
- ・意味と目的（meaning and purpose）「善く生きる」（well-being）

世間では、「倫理」というと、たいてい前者の「予防倫理」、つまり、「不祥事を起こすとこんな目に遭う！」ということが論じられます。その理由は、おそらく、その方が聞き手にインパクトが強く、真剣に聞いてもらえるからです。また、志向倫理、究極的には「幸せ」の有り様は各人各様なのに対し、予防倫理は共通で、「最低限、ここだけは押さえておいてほしい」というボトムラインを示す意味もあるのでしょう。

余談ですが、この点は「弁護士倫理」も同様で、弁護士会研修では懲戒事例が中心に論じられます。でもこれって、本来の「倫理」というより「リスク管理」ですよね（**注10-1**）。

　過去の失敗を活かすことはもちろん大切ですが、より重要なのは、「どうありたいか」──うちの会社の存在目的は何なのか、自分たちはどうやって社会のお役に立っていくのかといった「目的」を意識することではないでしょうか。それがひいては「儲け」にもつながる点が重要なのですが、その点については**Q13**で述べます。

3　人の倫理意識の成長段階
　　〜予防倫理から志向倫理へ

　人の倫理意識には成長段階があるとされています（コールバーグの道徳性発達の理論）。同じ行為でも、考え方（動機）によって道徳性の発達段階は異なる、というわけです。

　初期の段階では、「損するから、しません」「ルールに違反するから、やめておきます」。これはいわば小学生レベルの「義務の道徳」です。

　もう少し進んだ第2段階では、「仲間に迷惑がかかるから」「組織のため」というように、所属する集団利益的・組織防衛的な意識が出てきます。

　ただ、この第2段階までなら「盗賊の掟（おきて）」にもあることで、内向きで他律的、どこか「やらされ感」が漂うものです。

　しかし、さらに進んだ第3段階では、「規則がどう」とか「仲間の目がどう」ではなく、「世のため人のために」という使命感、「人として正しいことをしたい」という内なる動機から出た主

体的な行動です。これは、やらされ感の漂う「他律」ではなく主体的な「自律」で、自分自身の内面の良心がすべての行動の羅針盤となります。

この段階が理想で、心がダメだと感じることはどんな言い訳を付けてもダメなのです。それはたいてい、他人にちゃんと説明できないことです。言い換えれば、合理的に説明できないことは倫理的に問題があります。

究極的には、「心の欲するところに従って矩を蹂えず」(孔子)ですが、孔子のいう「心」には「直観力」と「規範的思考力」の２つがあるように思います。直観力とは「はやい思考」(ヒューリスティック)であり、規範的思考力とは「遅い思考」(システマティック)です。

これは「昭和最後の弁護士」を自称する私の体感レベルでの感想にすぎないのですが、日本社会は今、第２段階から第３段階、つまり、他人を押しのける「競争社会」から共に生きる「共生社会」に向かっているのではないでしょうか。活発なボランティア活動に見られるように、若い人たちのコンプライアンス意識 (利他の精神) は非常に高まっていると感じます。

4　動的平衡

人間の体は、日々、構成する細胞が入れ替わり、７年もたてばすべて入れ替わるそうです。これは組織も同じで、チーム名は同じでも、それを構成するメンバーはどんどん入れ替わっていきます。個々人のコンプライアンス意識の高まりによって会社、さらには日本という社会のコンプライアンスも一層高まり、トランスペアレント(透明)で明るい社会になっていくのでしょ

う――ただ、これには戦争や大災害が起こらない限りは、という留保付きなのでしょうが……。

5　理論より実践

さて、「コンプライアンス」にせよ「倫理」にせよ、頭の中で抽象的に考えているだけでは意味がありません。自社、そして自分に引き直して考え、かつ、それを実践して初めて意味があります。その際、重要なことは、次の2つをまっとうすることです。

① 自社の「本分」（存在目的）――それを明示したものが「企業理念」
② 自らの「職分」（役割、義務と責任）

半六先生からのアドバイス！

■説明できないことは倫理的に問題がある

■奴隷的な「義務の道徳」（予防倫理）より、使命感を持った「志向倫理」を

■盗賊にも「掟」はある。ブラックとホワイトを分けるのは第3段階に達しているかどうか

■「俺についてこい」という怖い父親の時代（パターナリズム）から、「誰一人取り残さない」優しい母親の時代（マターナリズム）へ

（注10-1）この点を指摘したものとして、令和2年度大阪弁護士会弁護士倫理研修（eラーニング配信）拙講「職務基本規程で弁護士力を高めよう〜弁護士人生を『善く生きる』ために〜」。

Q11 Question

なぜ会社にとって「企業理念」が重要なのですか？

A 「企業理念」こそ、会社の「存在目的」であり「価値規準」（プライオリティ）、つまり、「わが社の定義」だからです。そして、すべての会社の企業理念の根底にあるのが「自利利他公私一如」です。

解　説
---

1 「企業理念」とは

　会社は「法人」ですから、もともと何らかの目的を持って自然人が人為的に設立したものです。そこには創始者たる先人の「創業の理念」、つまり会社を設立した「目的」があったはずです。それを受け継いできたものが「企業理念」であり、会社の存在目的です。最近よく目にする「パーパス」という言葉はこの辺りのことを指しているものと思われます。

　なお、「理念」は「タテマエ」とは違います。それは、たとえ今すぐにはムリでも、少しずつ現状を変えていこうとする理想を持った改善主義、いつの日にかきっと実現できると信じて高く理想を掲げた漸進主義で、ちょっとドン・キホーテに似たとこ

ろがあるかもしれません。

2 「定款目的」との違い

　念のため付言しますと、会社の定款や登記簿にも「目的」欄があります。例えば「〇〇の製造および販売」等ですが、これはあくまで会社の「権利能力」（行為能力）の範囲を書いたもので、ここでいう目的（企業理念）とは違います。

　「企業理念」の例で、私がいいなぁ、と思うものを１つ引用させていただきますと、

　　　「いたずらに規模のみを追わず、誠意と独自の技術をもって、広く世界の文化と福祉の向上に貢献する。」
　　　「会社に働く人々の能力開発と生活福祉の向上に努め、会社の発展と一人一人の幸せとの一致をはかる。」
　　　「株主、取引先をはじめ、全ての協力者との相互繁栄を期す。」
　　　（シャープ株式会社　「経営理念」一部抜粋）**（注11-1）**

　これは私も心から共感できるもので、あらためて「創業の理念を忘れないことって大事だなぁ」と思います。

3 創造的・発展的に深化させる

　１点、ご留意いただきたいことは、企業理念は、その文字面を固定的・表層的に捉えるのではなく、会社の成長（成熟）段階に応じ、創造的・発展的にその解釈を深化させていく必要がある、ということです（**Q１**）。

　企業は生き物ですから、時代と共に事業のウイングが広がり、

業容や業態が変わってきます。これに伴い企業理念の「意味と目的」が変化することもあるはずです。Q1で見た「一朶の白い雲」（企業理念）を追って試行錯誤を重ねるうちに、雲は、当初見えていたそれとはまったく異なる相貌をもって自社に迫ってくると思います。その場合にあっては、「企業理念」の奥底にある「先人の目指した何か」を探求し、それを発展的・創造的に解釈し、新たに開かれた地平でさらに深化させていくことが重要です。「企業理念」とは、決して額縁に入った文言を金科玉条として墨守することではありません。

4　弁護士法第1条

　余談ですが、弁護士法は、その冒頭の第1条で「弁護士は、基本的人権を擁護し、社会正義を実現することを使命とする。」と謳っています。これってシビれませんか？　これにシビれて弁護士を目指したという若手がいました。

　また、大阪弁護士会会則第8条には「人類の幸福に貢献しなければならない」とあります。私はこれを見たとき、大きく出たな！　と、先人の熱くでっかい思いに感動したものです。

　こういった「理念」や「目的」は、企業や団体が自ら設定した目的地であり、いわば「自分たちはどんな組織か」「どういう存在でありたいか」を定義したものですから、そのメンバーがこれにかなった行動をとっていかなければならないのは当然です。また、世間の人たちもそれに見合った行動を期待しますから、そんな期待に応え、理念に恥じない行動をとらなければなりません。

　よくいわれる「社会の要請」に応えるというのは、「企業理念」

に示されたその組織の「存在目的」、さらにその根底にある「自利利他公私一如」を規準に、志向倫理の観点からも、予防倫理の観点からも、それに恥じない行動をとることだ、といってよいでしょう。

5 就業規則との関係

この関係で考えていただきたいのが、2005年4月に起きたJR福知山線の脱線事故の際、後方車両に乗車していながら救護より出社を優先した従業員を懲戒できるか、という議論です。

当該従業員は、事故後、遅刻しないよう、就業規則に従ってちゃんと出勤しただけなのに、なぜ懲戒されなければならないのか？　という疑問をお持ちの方も多いと思います。確かにこれを「就業規則」の問題として捉えれば、褒められこそすれ懲戒されるいわれはない、ということになりそうです。

しかし、「企業理念」、つまり、企業の存在目的の観点から考えた場合はどうでしょうか。社会の要請といった一般論ではなく、自社の存在目的に引き直し、「うちの企業理念に照らして恥ずかしくない行動だろうか」、もっというと、「自利利他公私一如に照らしてどうだろうか」といった観点から自問自答する必要があると思います。

このケースに即していうと、鉄道会社である以上、「安全第一」「お客様を安全に送り届ける」といったことが鉄道マンの使命として謳われているはずで（仮に謳われていなくても、当然のことです。）、そんな企業理念や会社の存在目的に立ち返り、"目の前でお客様が多数死傷し、瀕死の重傷を負っているのに、そ

れを放置して出社することを優先してよいのか"という、事の本質を考えなければなりません。

　もちろん、懲戒となると、経営者がそんな使命を従業員に浸透させる努力をしていたのか、それを怠っていながら従業員を懲戒するのは信義則に反するのではないかという議論もありそうですが……。

　いずれにせよ、就業規則の個別の条項に違反していないから問題ない、という形式論で済ませるべき問題ではないと思います。

半六先生からのアドバイス！

■「企業理念」とは、それぞれの会社の定義であり、「自利利他公私一如」を言語化したもの

■企業理念は会社の存在目的。目指すべき目的地がなければ「航海」ではなく、単なる「漂流」だ

■「日本人はよく働く。でも、その目的が明確じゃない。ビジョンをもったハードワークを。」（一水会100周年記念講演　山中伸弥教授）

■事実は規範をも左右する── 一朶の白い雲（企業理念）を追って試行錯誤を重ねる中、雲は、当初、見えていたそれとはまったく異なる相貌をもって迫ってくる

（注11-1）シャープ株式会社ウェブサイトより
　　　　　https://corporate.jp.sharp/info/philosophy/

Q12 Question

「自利利他公私一如」ってどういうことですか？

A　「情けは人のためならず」のビジネス・バージョンです。それは、「己を知り、その強みを活かして社会に貢献することが、結局、自分の利益にもなる」という、企業倫理の根本原理です。

───────── 解　説 ─────────

1　コンプライアンスの目的は「経営目標の必達」

「儲からんことをやったらいかんでしょう。」──これは、（公益的な事業で）「利益は見込めますか？」という問いに対する、ある会長さんのお言葉です。

「至誠惻怛」（**注12-1**）を座右の銘とされるこの会長さんいわく、コンプライアンス研修の「第１条」（目的）は「経営目標の必達」だと明言されます。世間的な理解とはやや異なるかもしれませんが、私なりに解釈すると、「儲ける」とは「顧客の真の幸せに貢献し、社会の役に立つこと」であり、また、そう判断して「やる！」と決めた以上、何が何でもやり遂げ、儲けなければならない、それが「商人」というものだ、という、気迫の込もった商人道・商人魂です。

2 古くからの言い伝え

　昔からの言い伝えに、「情けは人のためならず」というのがあります。また、わが国を代表する企業グループの１つ、住友の事業精神（**注12-2**）では「自利利他公私一如」という言葉が守り継がれています。さらに、近江商人の「商売心得十訓」の中には、「ムリに売るな、客の好むものも売るな、客のためになるものを売れ」というのがあります（**注12-3**）。

　これらはいずれも、「利他の精神」、つまり「自分のため」だけではなく「人のために」と考えることがひいては自分自身のためにもなるんだよ、という古からの言い伝えです。

　ちなみに、「情けは人のためならず」については、「情けをかけるのはその人のためにならない」という誤解もあるようですが、本来の意味は上記のとおりです。

3 「自利利他公私一如」の解釈

　私見では、この「自利利他公私一如」こそ企業コンプライアンスの要諦であり、あらゆる会社の企業理念に通底するものです。そこでこれを文理的に解釈してみましょう。

　以下は私の勝手な試論です。

▼「**自**」　「自」とは「己」であり、「己を知る」こと、つまり、自らの本分（存在目的・パーパス）を明らめて（＝明らかにして見て）、実践することです。

　　関西弁でいえば、「お前はどんな人間（会社）になんねん？」ということで、主観的には「志」、客観的には「使命」です。ア

イデンティティーといってもよいかもしれません。自分（自社）の存在目的（強み・本分）を徹底的に凝視し、社会の中でそれをどうやって活かしていくのかをとことん突き詰めて考えること、そして、考えるだけじゃなく実践することです。

▼「利」 「利」とは「儲け」です。

　儲けを考えるのはビジネスでは当たり前のことですが、ここでは「自利」であって「利自」ではないこと（「利他」とは順序が逆になっていること）にご留意ください。つまり、「自」があって「利」がある、「自」の結果として儲けがある、ということです。

▼「利他」 これは、「他を利する」、つまり、他人のためになる、人の役に立つ、ということです。

　この「他」には、周囲の仲間（従業員）や「今現在」の顧客、取引先（サプライチェーン）、株主、地域社会（近隣住民）その他のステークホルダーが含まれることはもちろんですが、それだけではなく、「将来」のステークホルダー、人間社会（世間・みんな）、さらに最近では、ビジネス活動の基盤となる「地球環境」をも含めて理解しなければなりません（サスティナビリティ）。

　一点ご注意いただきたいのは、「顧客」という場合、目の前の「その人」に意識が向きがちですが、厳密には、担当者その人の利益ではありません。その人の背後にある会社やそのステークホルダーのために、ということです。担当者べったりでその人の個人的便宜を図ることは、逆に贈収賄や公正競争規約違反等にもつながりかねません。単なる「サービス精神」ではなく、「法益」を正しく捉えることが重要です。

　この「利他の精神」が倫理の本質である理由は、人類の歴史からひも解くことができます（後記４）。

▼「**公私一如**」「公」とは、「他」を含め広く社会全般、世間、いわゆる「みんな」のことで、「私」とは前述した「自」です。

　それら「公私」は別物ではなく、１つのようなもの、つまり、自分の本分をまっとうした結果として儲けを得ること（自利）と、みんなのために役に立つこと（利他）とは別物ではなく１つにつながっている、それは相対立するものではなく一体だ、ということです。

4　「自利利他」が倫理として形成されてきた理由

　このような「自利利他」の考え方は、地球上で人類がここまで繁栄できた理由とおそらく無関係ではありません。

　人間というのは、個としては非常に弱い生き物──フランスの哲学者、パスカルのいう「考える葦」です。この弱さを克服するため、人間は、集団（群れ）をつくり、先人から受け継いだ智慧や技能を伝承し、仲間と力を合わせて支え合い扶け合うという戦略戦術をとりました。そうすることで外敵と戦い、弱肉強食の厳しい生存競争を生き抜いてきたのがわれわれの祖先、ホモ・サピエンスです。その意味で、人間はもともと「共存共栄」を宿命とし、「個」では生きられない「社会」的な動物です。だからかどうかはわかりませんが、人間って、「人」の「間」と書きますよね。

　人間がまず自分の利益を考えるのは、生存本能や自己実現欲求として当然ですが（我欲）、それだけではなく、人（みんな）の

71

ため、すなわち、自らの属する集団のため、関係先のため、人間社会のため、生まれくる未来の子孫のために役に立ちたい、喜んでもらいたいという「自利利他の精神」を本能的に合わせ持っているのです。つまり、人は一人だけじゃ幸せじゃないのです。

だからこそ、人は、自分以外の「誰かのため」という使命感を持つことで元気が出ますし、また、人に褒められ、周囲から認められることで一層頑張れるのです（自己承認欲求）。これは、群れをつくることで厳しい生存環境を生き抜いてきた進化の過程で、ヒトのDNAに刻み込まれたアイデンティティーといってもよいでしょう。

そして、そんな人類が長年の間に形成してきた社会規範が「倫理」です。冒頭で見た言葉は、人と人の関係の在り方（人のみち）を教えたものであり、その本質を一言でいえば、「自利利他」です。

つまり、自己チューだけじゃダメだよ、先人に感謝し、「みんな」のため、つまり、仲間のため・顧客のため・取引先のため・社会のため・子孫のために尽くしなさい、それが回り回って自分の利益にもなり、幸せになるみちなんだよ、と言い伝えてきたのが「情けは人のためならず」という古からの諺であり、それをビジネスの世界で端的に言い表したものが「自利利他公私一如」という言葉なのです。

5　「なでしこジャパン」に見る「目的」意識

余談ながら、東日本大震災の発災で日本全体が不安と喪失感に沈んでいた2011年、女子サッカー日本代表「なでしこジャパン」がFIFA女子ワールドカップで優勝し、日本人の心に希望を

与えてくれました。

その決勝戦、過去何度戦っても勝てなかった米国相手に、先行されても先行されてもへこたれずに追いつく不撓不屈の戦いぶりに、私も心を揺さぶられ、早朝から年甲斐もなく歓声を上げてしまいました。

彼女たちのプレーの根底には、生きたかった未来を一瞬のうちに流し去られた方々への鎮魂、被災地のみんなを元気づけたいといった明確な「目的」意識があったように思われます。米国チームキャプテンが「日本チームは何か偉大なもののためにプレーしていた」と語っていたのが印象的でした。

そして、そんなふうに「自利」を超えた「利他」の精神でワンチームになれば、一見不可能に見えるようなことでも実現できるんだ、同じ人間同士、不可能なんてないんだ、と勇気づけられた思いがしました。

6 「恥」の意識

さて、前記4で述べた人間の社会性は、群れ（集団）の中で「恥ずかしいことはしたくない」「ダメなやつだと思われたくない」という「恥」の意識を生みます。

それは、「名誉ある地位を占めたい」という人間の本能的な願望の裏返しであり、日本国憲法の前文「われらは…（著者略）…国際社会において名誉ある地位を占めたいと思ふ」は、まさに国のレベルでそれを表現したものでしょう。

この「恥」の意識は日本人の美徳の1つですが、どちらかというと、自分自身の内面の規範というより、「人に見られている」

という「周囲の目」（特に仲間内の目）を意識したものです。そのため、「人が見ていない」とか「わからないだろう」と思えば、ついついやってしまったり（**注12-4**）、「赤信号みんなで渡れば怖くない」式に不祥事の原因となることもあります。そんな「言い訳」をあらかじめ封じるべきことについては、**Q42**をご参照ください。

半六先生からのアドバイス！

■「情けは人のためならず」が倫理の本質

■「儲からんことをやったらいかんでしょう」が企業の、そして、企業コンプライアンスの本質

■同じ人間、ワンチームになれば、できないことなんてない

■希望や目的にエビデンスはいらない――「悲観主義者はあらゆるチャンスの中に困難を見いだし、楽観主義者はあらゆる困難の中にチャンスを見いだす」（W.チャーチル）

（注12-1）これは、備中松山藩の幕末の陽明学者・山田方谷が河合継之助に送ったことばで、「真心といたみ悲しむ心」という意味だそうです。「至誠惻怛」があれば物事が正しく進んでいく、それが人としての生き方だと教わりました。

（注12-2）住友グループ　広報委員会

（注12-3）前出（注1-3）「不当な事件」参照。

（注12-4）地下鉄の落書きを消すことで殺人等の凶悪犯罪を激減させたニューヨーク市の実例の理論的根拠となった「ブロークンウインドウ（割れ窓）理論」参照。

Q13
Question

うちは「儲けてナンボ」の
民間の一営利企業なのに、
なぜ倫理やコンプラ
イアンスをうるさく
いうのですか？

A 「儲ける」とは、社会に貢献して正当な対価を得ることです
が、よく儲けるためには、従業員のみなさんに士気高く働い
てもらわなければなりません。そして、そんな従業員の「や
る気」を支えるのが、組織の公正さへの信頼、一緒に働く上
司や仲間への信頼や敬意、「自分もあんなふうになりたい」と
いう憧れといったもので、企業コンプライアンスの本質はそ
こにあります。

――――――――――― 解 説 ―――――――――――

1 営利企業とコンプライアンス

「それでナンボ儲かんねん？」――私は退屈な議論が続くと、
ある社長さんの言葉をよく思い出します。

会社は「営利」社団法人です。ここに「営利」とは、本業で稼ぎ、
儲けた利益を構成員（株主）に分配することですから、会社で
ある以上、儲けることが第一義です。

会社は「儲けてナンボ」であり、いくら倫理的に善いこと・

正しいことをしていても儲けなければ永続は望めません。その点がNPO（非営利活動法人）と違うところです。昭和の時代、「政治に倫理を求めるのは八百屋で魚をくれというに等しい」と豪語した政治家（法務大臣）がいましたが、この問いは、それとちょっと似ているような気もします……。

　一方で、世界のシンクタンクの中には、「世界で最も倫理的に優れた会社」を表彰するところがあります。例えば、米国のシンクタンクであるEthisphere Institute（エシスフィア・インスティテュート）の「World's Most Ethical Companies」（世界で最も倫理的な企業）は、透明性、誠実さ、倫理、コンプライアンスに関する優れた成果を上げる企業を長年にわたり表彰してきています。

　これは一体、なぜでしょうか？　なぜ、「儲け」を本質とする会社のビジネスにおいて、倫理とか誠実さ、コンプライアンスが問われなければならないのでしょうか？

　そこが肚落ちしないと、人間、なかなかホンキにはなれませんよね。

2　不祥事防止は「義務の道徳」

　ひとたび不祥事を起こすとそれまで営々と築いてきた「信用」も「利益」も吹っ飛んでしまい、今後のビジネスも難しくなる、だから不祥事は何としても防がなければならないのだ……というだけならごく当たり前のことです。

　それだけのことなら、「損するからおやめなさい」という、小学生レベルの「義務の道徳」にすぎず、誠実さとか使命感といっ

た本来の倫理（志向倫理）とはつながりません。どうも理由は
それだけではなさそうです。

3　インテグリティ

　実は私も、長年、「コンプライアンス、コンプライアンス」と
うるさくいう世の風潮について、何か腑に落ちない思いを抱い
ていたのですが、あるとき、「インテグリティ」に関する慶應義
塾大学商学部梅津光弘教授（当時准教授）のコラム（**注13-1**）を
読んで、あ、そういうことか！　と、目からウロコが落ちました。
　コラムのポイントと思われる点を引用させていただくと次の
とおりです（・は私が付したものです。）。

・近年の研究では、従業員が属する組織を公正だと認知し、中
　間管理職に信頼、尊敬といった感情を持つことが不正行為を
　防ぎ、職場を活発にする事実が分かってきた。
・企業のトップや中間管理職のモラル（倫理）の高さが、従業
　員のモラール（士気）を上げる。
・なかでも管理職が職務への使命や責任を再確認し、自身の人
　生観や価値観を示すと、部下は上司である管理職を「Person
　of Integrity」と見なし、安心して仕事に打ち込めることも確
　認されるようになった。
・すでに企業倫理の要諦は個別の不祥事などへの対応でなく、
　顧客や社会の信頼を得るための包括的な施策となった。
・先進企業はこれに気づいている。

これは経営学の「理論」ですから、単なるストーリーやロジックではなく、統計的な数値に裏打ちされた事実そのものだと解されます。

　これをさらに私なりに要約すると次のとおりです。

▼　従業員が、自らの属する組織を「公正」だと認識し、上司に「信頼」とか「尊敬」といった感情を持てることがコンプライアンスの肝である。

▼　そのためには、まず上司が、職務への「使命感」や「責任感」を持って「率先垂範」しなければならない（**注13-2**）。

▼　そうすれば、部下も「安心」して仕事に打ち込むことができ、互いに協力し合うことで社内の士気も上がるし、自ずと不正も抑止される。すると、組織が活性化し、売上や利益も上がる。

▼　だから、営利企業であっても——否、営利企業こそ、モラル（倫理）やコンプライアンス、インテグリティが大事なのだ。

4　上司への信頼

　これは、裏返していうと、先輩や上司が口ではきれいごとをいっていても、社内で不正や悪事、不公正やズル、嘘やごまかし、隠し事や二枚舌、嫉妬や依怙贔屓（えこひいき）、いじめや意地悪（京言葉でいう「いけず」）といったものが蔓延していると、次第に疑心暗鬼に陥り、また、まじめに頑張っても報われないとなると、だんだん頑張るのがバカらしくなってやる気をなくし、やがて組織への信頼感や忠誠心も失われて無関心となり、ついには、仲間の失敗に「ざまあみろ」とか、「失敗すればいいのに」というネガティブな心情になっていきます。そんな組織に成長も未来もありません……。

　余談ですが、私が高校野球を見ていて、いいなぁ、と感じるのは、試合に出られない選手もワンチームになり、ベンチから、さらには観客席から、レギュラーを一生懸命に応援する姿です。

　おそらく、今の人たちが求めているのは、一緒に目指すべき「目的」や「目標」、そして、ハラスメントのない、互いに協力し合える楽しい職場、人間同士の交流ではないでしょうか。昨今、不正発覚の端緒はたいてい内部者による通報ですが、これも「このままじゃダメだ！」という正義感に根差したものが多いのではないか、と推測されます。

5　勁い集団

　実は私も最近知ったのですが、心理学には「進化心理学（**注13-3**）」という分野があり、その研究によれば、互いに協力し扶け合える集団こそ生き残れる「勁い集団」であり、また、淘汰の過程を集団で生き抜いてきた人類の心理には、自己チューでズルい個体や協力しない裏切り者を検出する本能的なセンサーが備わっている、というのです。現時点ではまだ「示唆」の段階のようですが、経営学の知見や不正調査等での実感とも符合しており、興味深いですね。

　思うに、「経営」とは、目的地を目指して大海原に漕ぎ出す航海であり、「板子一枚　下は無間地獄」――つまり、船底の板が一枚抜ければ沈没するのです。究極は宇宙飛行士です。宇宙飛行士が互いにリスペクトし、信頼し合い、力を合わせずしてミッションが遂げられるはずがありません。

6　ダメなものはダメ

　「不正を許すことができないという、その感情を持ち続けなければ、弁護士たる値打ちはないと私は思う」──30数年前の結婚式での恩師色川幸太郎先生のスピーチを、私は今でもときどき思い出しますが、おそらく、人間誰しも、正しいことをしたいし、正しいことを言いたいのです。正直にホンネでしゃべりたいのです。でも、組織の中ではあれこれ忖度してそれができず、欲求不満に陥っています。

　だから、上司、なかんずくトップが「ダメなものはダメ」という倫理観と、「自利利他公私一如」の精神をもって率先垂範し、部下を信頼して任せれば（正しいことを指示してその責任を引き受ければ）部下も喜んで頑張るはずです。しかし、上司が嫉妬心から意地悪をしたり、部下を信頼しきれず責任を回避したり、果ては自己保身のため部下のせいにしてごまかしたりするから、部下はやる気を失うのです。

7　ハラスメントのない
　　フェアで透明な職場であること

　「人は半径３メートル以内の事情で決める」といわれますが、部下というのは、上司の顔色をうかがい、その日ごろの言動、とりわけ倫理観（work-ethics）を観察して見倣う動物であり、そんな部下と上司の重層構造からなるピラミッド型のタコツボが「組織」というものだと思われます。

　不正発覚時に設置される第三者委員会等の調査では、従業員

からヒアリングやアンケート調査を行いますが、その結果、白日の下にさらされる生々しい声、普段は絶対に表に出てこない社内の不満を見ると、そのことが如実にうかがわれます。

　弁護士として実感するのは、それこそがその組織の本当の姿──「社風」とか「統制環境」「企業風土」といわれるもので、結局のところ、何でも自由にモノが言え、言いたいことを言っても居づらくならないこと（いわゆる心理的安全性）、頑張った者が報われるフェア（公正）で透明な職場であること、上司に信頼や尊敬（リスペクト）の念を持てること──この人の下でなら、余計なことを心配せず安心して仕事に打ち込めるという空気感のようなもの、そして、その組織の一員であることに「誇り」が持てること、究極的には、職場で一緒に働く人たちが好きになれること（**注13-4**）が、コンプライアンスの要諦なのではないかと思われます。

8　まとめ

　またちょっと話が散らかってしまいました……（苦笑）。

　「儲けてナンボ」の「営利」企業で倫理やコンプライアンスが強調されるのはなぜなのか？　という冒頭の問いに対する私の答えは、人間には「人の役に立ちたい」という本能があり、「企業理念」や「自利利他公私一如」という目的のために一緒に働く仲間と扶け合い、仲間や上司、会社のことが好きになれれば、安心して仕事に打ち込むことができ士気も上がる。そうすれば、より一層、人の役に立ち、よく稼ぐことができる、ということではないでしょうか。

もともと「会社」というのは、社会の中で何らかの目的を果たすために人為的につくられたもの（法人）であり、「儲け」というのは、その活動に対する見返り（対価）にほかなりません。つまり、「儲ける」ということは、会社が自らの「本分」をまっとうして人のお役に立つことと同義なのです。

　もし全社一丸で頑張っていても儲からないとすれば、それはまだ真の意味で社会のお役に立てていないということだと思われます。昨今流行りのESG（**注13-5**）に注力しながら本業の業績が上がらず解任された経営者がいましたが、これもいまだ真の意味で社会の役に立っていないとみなされたのでしょうね……。

　そしてまた、そんなふうに社会と共生し、社会課題の解決にホンキで貢献しようとする会社であってこそ、従業員もやる気を持って頑張り、全社一丸となってよく「儲ける」（＝人の役に立つ）ことができ、結果、持続的に成長していけるのだと思います。

半六先生からのアドバイス！

■「害をなさない」だけじゃなく、「人の役に立つ善いこと」をしたい、「人と仲良くしたい」──それが集団によって厳しい進化の過程を生き抜いてきたホモ・サピエンスの本能

■「できることはやる。できないことはやらない。しかしすべての責任はこの田中角栄が負う。」（田中角栄大蔵大臣（当時）の伝説のスピーチ）

■組織の強弱を分けるのは、日ごろの上司の言動を

見て「私もあんなふうになりたい！」と思えるか、
「あんなふうにはなりたくない……」と感じるか

■「功ある者には禄を与えよ、徳ある者には地位を
与えよ」（西郷隆盛）

■明るく楽しい職場の基本は、「ハイオアシス」（は
い、おはようございます、ありがとうございます、
失礼します、すみません）

（注13-1）2014年２月21日付日本経済新聞「企業倫理の発展と課題」

（注13-2）ただ、実際には、「上の人ほどルールを守らない」という不満をよく聞く
ところです。

（注13-3）例えば、https://www.recruit-ms.co.jp/issue/interview/0000000715/
?adid=fb181121r1&cp1=fb181121r1&theme=workplace

（注13-4）最近は、検察庁の取調べでも「ラポールの形成」（相手との信頼関係、一
体感）を重視しているそうです。被疑者取調べですらそうなら、「況んや
一緒に働く仲間においてをや」ですよね。

（注13-5）環境：Environment、社会：Social、ガバナンス：Governanceの頭文字。

Q14
Question

企業の成長と従業員の幸せとは、どういう関係にあるのですか？

A ワンセット（一体）です。従業員が使命感を持ち、その会社のメンバーであることに誇りを持って仕事に打ち込めるとき、「企業理念」と「従業員の幸せ」が統合され、企業の成長がもたらされます。企業コンプライアンスはその前提となるものです。

解　説

1　会社のために自殺した例

　「会社の生命は永遠です。その永遠のために私たちは奉仕すべきです。…（筆者略）…今回の疑惑、会社のイメージダウン、本当に申し訳なく思います。責任とります。」

　──ある政治疑惑をめぐって、このような悲痛な遺書を残して自殺された役員さんがおられました。これは、責任を問われ、追い詰められて、会社のために自らの命を絶った痛ましい事件ですが、ここでは、会社の繁栄と個人の幸せとが対立する関係のように見えます。

　しかし、会社のために個人の生命を犠牲にすることが企業コン

プライアンスであるとは到底思われません。むしろ、各人がその「職分」（役割）をまっとうし「そこで働く幸せ」と「企業理念」が統合され、両者一体となって１つの意味を持ってこそ、企業の成長と発展があります。それをもたらすものが、真のコンプライアンスです。このことは、**Q11**で見た企業理念の例でも、「会社の発展と一人一人の幸せとの一致をはかる」と言明されています。

　ここで、私が「これこそが真のコンプライアンスではないか？」と感じた経験に触れてみたいと思います。

2　組織の一員であることに 「誇り」が持てること

　1995年１月17日午前５時46分に発生した阪神・淡路大震災は阪神淡路地方に未曽有の大災害をもたらしました。

　ビルが倒壊し、高速道路の高架が倒れ、鉄道が寸断され、神戸は陸の孤島と化しました。奈良県の自宅にいた私も、あの日の出来事は一生忘れることができません。

　NHKの『プロジェクトX　挑戦者たち』でご覧になった方もおられると思うのですが、あの地震直後、まだ余震が続き、いつ何時また次の地震がくるかもしれないという不安と恐怖の中で、大阪の中堅ゼネコンが不眠不休の突貫工事（崩れ落ちた駅高架の梁や床のジャッキアップ）を敢行し、JR六甲道駅を短期間で復旧させました。

　そして、この、自己犠牲をもいとわない命懸けの仕事ぶりに対し、物資も生活も困窮する中、近隣住民から「こうじの皆さま、おケガのないように!!」という感謝と温かいねぎらいの幕が掲

げられました。

　私も、そんな様子や、短期間で復旧された高架の上を、検査の
ため重連の機関車が隊列をなし、ゆっくりと進んでいく情景に、
心が打ち震える思いがしました（たぶん、あのナレーターの独特
の語りと中島みゆきさんの音楽の効果も大きいと思います。）。

　この番組の放映当時、私はたまたま同社の社外監査役だった
のですが、このように、人々に感謝され、社会への貢献を実感
できる出来事は、従業員全体のやる気や士気、プロとしての使
命感——担当者は、謙遜も込めて「土木屋としての使命感」と
表現していました——を高め、業績向上にもつながるものだと
あらためて感じた次第です。

3　志向倫理　〜真のコンプライアンス

　この例からもわかるように、従業員がその会社のメンバーで
あることに「誇り」が持てること、例えば、名刺を差し出すとき
にちょっと誇らしい気持ちになれること、それこそがコンプラ
イアンスの原点なのではないか、と思います。

　弁護士も同じだと思うのですが（**注14-1**）、誰しも、自分の仕
事に「誇り」や「やりがい」「使命感」といったものが感じられ
ると、やる気も高まります。そして、そのことは、単に不祥事を
防ぐだけでなく、仕事の品質向上、業績向上、ひいてはその職
業の価値や社会的地位の向上にもつながるのです。逆に、嘘や
不正、そしてそれを見て見ぬふりをする社内の言動は、従業員
の「やる気」を著しく阻喪させます。これが「ブラック企業」が
敬遠されるゆえんです。

　ブラックとホワイトを分けるのは、人のお役に立てる社会的意義のある仕事かどうか、その仕事に誇りが持てるかどうかであり、梅津教授のコラム（**Q13**）にある、組織の公正さ、上司への信頼や尊敬の念、職務への使命感や責任感、インテグリティ（真摯さ・誠実さ）に加え、「社会のお役に立てている！」という社会貢献や自己成長の実感にあるのではないか、と思われます。そしてそれがまた、「働きがい」や「生きがい」、ひいては「幸福感」にもつながるのではないでしょうか。

　そして、それらの根底にあるのが「人のみち」たる「倫理」であり、人間の本能である「自利利他公私一如」だと思われるのです（ここが重要なポイントだと思うのですが、くどくなりますので、詳細は**Q12**をご覧ください。）。

半六先生からのアドバイス！

■「儲ける」とは、自社の「本分」（存在目的）をまっとうして社会のお役に立つこと

■企業コンプライアンスの原点は、その組織の一員であることに「誇り」が持てること。そして、自己成長や社会貢献が実感できること

■「やらされ感」ではなく、「私はこれをするために生まれてきたのだ」という「使命感」──それが「善く生きる」（well-being）ということ

（注14-1）拙著「フレーフレー弁護士！」（『自由と正義』2020年Vol.71 No.10［12月号］日本弁護士連合会）

Q15 Quuestion

従業員にノルマを課すことは、コンプライアンス上、問題がありますか？

A 営利企業が「稼ぐ」（＝社会の役に立つ）ために「目標」を設定するのは当然のことです。ただ、現場の実情を無視した、現場任せのムリな「ノルマ」を課すことが、多くの企業不祥事の原因となっていることには留意が必要です。

――――― 解　説 ―――――

1　営業ノルマは「悪」なのか？

　企業不祥事が起きると、たいてい過大な営業ノルマが問題にされますね。ノルマって「悪」なんでしょうか？

　多くの会社では、中期経営計画（中計）を立て、売上目標や利益目標を策定してその必達を目指します。取締役会では、当月の予算（注15-1）と実績の進捗状況（対予算・前期比）がグラフ等で可視化して報告され、期が進んでくると、次第に「予算必達」のプレッシャーが部門長に重くのしかかってきます。それを受けて、担当者には当然、上司から指示があり、ハッパがかけられます。

　このような実態は問題があるのでしょうか？

2　数値目標

　オリンピックでも、「金○個」という国の目標を打ち出してこそ頑張れる、という意見もあれば、国としての目標は不要、個人の自覚に委ねるべきという意見もあります。

　ただ、もし具体的な数字の目標がないとすると、人間、なかなか頑張ろうとする気も起きないのではないでしょうか。私は、「ノルマ」（この単語はいまいちですが……）というのが「数値目標」として正常に機能する限りは、必要かつ有益なものだと考えています。

　Q13で見たとおり「儲ける」ということは、会社が自らの「本分」をまっとうして社会のお役に立つことであり、「売上」というのは提供する財やサービスの対価です。会社が何らかの財やサービスを提供して社会のお役に立とうとする以上、そこに目標がなければなりません。

　これは、スポーツで、ライバルに負けたくないという目標があるからこそ互いに切磋琢磨できるのと同じで、また、具体的な数値目標があり、それを健全に意識するからこそ、それを達成するためにはどうしたらよいかを具体的に考えますし、自分に足りないものは何かを真剣に考え、それによって個人の能力や組織の力が磨かれる側面があるように思います。

　余談ですが、これは弁護士も同じで、「報酬」という数字を意識するからこそ、どうすれば期待された成果を出すことができるかを真剣に考えることになりますし、どうすれば依頼者に喜んでもらえるか、安心と納得を提供できるか、さらには、品質やスピード、説明のわかりやすさや報告のマメさ、丁寧さ等、

「痒いところに手の届く」サービスを意識するようになります。

　そんな意味で、私は、「目標」というのはなくてはならないもので、それはちょうど、スコアやハンデにこだわることで上達するゴルフと似たところがあると考えています。

3　数字は「目標」にすぎず「目的」ではない

　ただ、問題は、そのような「目標」であるはずの数字が、いつの間にか「目的」と化してしまうことです。本来の「目的」は、会社として社会に貢献することであるはずなのに、数字を達成すること自体が目的化してしまい、人の役に立つということを忘れてしまうのです。

　実際、そんな失敗例は枚挙に暇がありません。最近の例では、ノルマを達成するために意図的に中古車にキズをつけて保険金の支払いを受けるというケースが問題になっていますね……。

4　上層部からのムリなノルマは要注意

　また、ノルマに関しては、経営者が「チャレンジ」と称して現場の実情を無視したムリな目標を設定し、中間管理職もそんな経営者の意向を「忖度」してプレッシャーをかけ続けた結果、現場の数字づくりや粉飾につながるケースも散見されます。

　経営者の発言というのは部下にとっては非常に重いもので、その何気ない一言に、部下が必要以上に気を回した結果、おかしなことになってしまう……という例は、実際にもよくあることです。そんなせいでしょうか、私は、ある社長さんの、「思い

つきの発言はしないようにしている」という一言が耳に残っています。経営者は、自らの発言の持つ影響力を自覚し、定義を明確にして指示しないと、思わぬハレーション（悪影響）を引き起こすことがあるようです。

5　無理難題（？）をどうやって実現するか

とはいえ、実際問題として、人手が足りず、労働時間も厳しく規制される中、「無理難題」（？）とも思える経営目標を必達しなければならないのが会社です。そしてまた、それを「ムリ！」として放り投げるのではなく、責任を持って引き受けるところに担当者のプライドがあり、また、与えられた環境の中で悪戦苦闘しながらそれをやり遂げ、顧客、ひいては社会に貢献できたとき──muddle throught（**注15-2**）──、担当者としてこの上ない達成感や充実感が生まれます（**Q14**の２のエピソードご参照）。

そのためには、一体どうすればよいのでしょうか？

「ごちゃごちゃいうな、とにかくやれ！」という一方的でご無体なパワハラ的な指示や、「あんじょうやれ」「うまいことやれ」「よきにはからえ」という鷹揚で曖昧なお殿様的な指示ではなく、「目標」を達成することの「意味と目的」（顧客の真の幸せに貢献すること）を再確認した上で、「目標必達」を現場だけに押しつけるのでなく、現場の頑張りを労い、経営層や経営陣幹部、中間管理層が現場とワンチーム（一丸）になって一緒に智慧を出し合うこと、つまり、それを実現するための「具体的方策」を、みんなで率直に話し合えるコミュニケーションの場があること、ではないでしょうか。

6 目標はコミュニケーションと一体のもの

　結局、「ノルマ」や「チャレンジ」が悪かどうかは、現場を孤立させず、その「目標」の「意味と目的」も含め、どれだけ社内のコミュニケーションが図れているか、つまり、「情報」の共有だけではなく「意味」や「目的」の共有ができているかどうか、に帰着するように思われます。

　そして、コミュニケーションの基本は、**Q13**で述べた、組織の公正さへの信頼、一緒に働く上司や仲間への信頼や尊敬、つまりは、互いにリスペクトし合えているかどうか、といったことが重要なポイントになるのではないでしょうか。

7 具体的方策

　無理難題（？）をやり遂げるための「具体的方策」の例としては、「目標」の見える化と細分化、ＡＩやＩＴ技術等のテクノロジーの活用（生産性向上）、社内外の専門的知見によるスキルアップ、現場の智慧の持ち寄り、デブリーフィングによる「気づき」や意識改革、業界団体を通じた社会への働きかけ等が考えられます。

　つまりは、「不平不満より改善提案を」ということですよね。

半六先生からのアドバイス！

■「目標」と「目的」を混同しない。利益は「目的」ではなく「継続の一条件」

■挑戦するためには、「やらんかい！」ではなく、「意味と目的」、そして「方策」を具体的に話し合う。「忖度」ではなく「徹底的な対話」で

■無理難題　しんどいけど、楽しい！

■チャレンジとコミュニケーションは不可分一体。日ごろコミュニケーションのない組織が一体感を持ってチャレンジできるわけがない

■「駕籠に乗る人担ぐ人そのまた草鞋を作る人」——それぞれが「役割」を持って貢献する、それが真のワンチーム

（注15-1）企業社会では、「予算」という語が目標値の意味で用いられます。

（注15-2）真っ暗闇の泥の中でジタバタと、もがき、あがき、何とかその中を通り抜けたものだけが味わえる喜びのこと。

Q16

Quuestion

「社会の要請」って、一体、何ですか？

🅰 「企業理念」に示されたその会社の「目的」をまっとうし、それに恥じない行動をとることです。そして、どんな「企業理念」であれ、その根底にあるのは「自利利他公私一如」ですから、究極的には、自利利他の精神をまっとうし、それに恥じない行動をとることです。

───── 解　説 ─────

1　「社会の要請」とは？

　よく、「社会の要請」ということがいわれますが、正直、何のことか、よくわかりませんよね……。おそらくこの曖昧模糊としたわかりにくさが、コンプライアンスが敬遠される一因だと思われます。

　この点について、私は、次のように考えています。

・「社会の要請」とは、顧客をはじめとするステークホルダーがその企業に求める行動である

・それは、最近の言葉でいえば「コンダクト・リスク」、昔からの言葉でいえば「企業倫理」であり、その本質は「自利利他公

私一如」にある

・それを会社ごとに文字化し「見える化」したものが「企業理念」である

・だから、会社は、自らの「企業理念」を、積極（志向倫理）・消極（予防倫理）の両面から実践し、まっとうしていかなければならない

・そのいずれの面から見ても「企業理念」に恥じない行動をとること、それによって自利利他の精神を実践していくことが、「社会の要請」に応えることである

2 「社会の要請」と「倫理」の関係

以上の関係を、上述した予防倫理・志向倫理に即して述べると次のとおりです。

① 予防倫理から見た「社会の要請」

会社が自らの存在目的に恥じない行動をするために、最低限のレベルとして、「法令遵守」、つまり、国が定めた既存のルールに反しないこと。

ただ、法令は、国会での審議等の手続上、どうしても「後追い」とならざるを得ないので、既存の法令に限らず、公正競争規約等の業界ルール、「企業理念」を頂点とした社内ルールといった様々なルールを尊重すること。

さらに、明文化されているかどうかにかかわらず、人として・企業として守らなければならない社会倫理規範を尊重していくこと。

② 志向倫理から見た「社会の要請」

　会社が社会から必要とされること、つまり、自らの「強み」である会社の「本分」（存在目的）を見える化した「企業理念」を突き詰め、その根底にある「自利利他公私一如」を実践すること、それによって、顧客の真の幸せと社会課題の解決に貢献すること。

　そのためには、自らの強みを凝視し、それを磨き続けること、「自分たちは何で社会に貢献するのか」「そのためには今、何をなすべきか」と日々、自問し続けること。

以上のようなことが、結局、「社会の要請」に応えることであり、それは同時に、従業員が幸せになるみちだと思います。

 半六先生からのアドバイス！

- ■「企業理念」とは「わが社」の定義であり、わが社の存在目的を宣言した企業哲学
- ■その「企業理念」をまっとうして自利利他を追求することこそ、「社会の要請」に応えること

Q17

Question

品質検査偽装は「社会の要請」に
反したといわれることがありますが、
一体、何が問題なのか、
よくわかりません。

A 検討すべき規範は、**法令、契約、そして、コンプライアンス**
（企業理念）の3つです。

――――――――――― **解 説** ―――――――――――

1 「品質検査偽装」の問題点

「社会の要請」とのズレで近年よく問題になるのが「品質検査
偽装」（データ不正）です。

その典型例は、「合格ありき」のカタチだけの「検査」を続け、
現場もその問題性に気づきながら、社会や顧客に対する責任より
納期や売上といった社内事情を優先し、事故やクレームがないこ
とをよいことに、何十年にもわたりそれを正当化し続けてきた…
というようなケースです。大きく2つのパターンがあります。

① 逸脱の標準化

何かの拍子に現場で始められた「偽装」（「基準の逸脱」）が、
現場限りの暗黙の合意の下に繰り返されてきた場合――な
お、この「基準」には、JIS規格のような法定基準のほか、業
界基準や契約仕様、社内基準があります。

②　会社ぐるみの「隠ぺい」

　経営者もその偽装に気づいていながら、臭いものにフタをして先送りしてきた場合

　ただ、実際には、どっちのケースかわからないため、多くの場合、調査委員会等が設置されることになります。
　この問題を考える場合の「規範」としては、法令、契約不適合、コンプライアンス（企業理念）の３つの切り口が考えられます。

2　法令違反

　その品質検査偽装が、業法（例えば、道路運送車両法や食品表示法、電気用品安全法）をはじめ何らかの法令に違反するときは、違法行為であり、コンプライアンスの最低限のレベル、つまり60点の合格ライン（**Q１**）にも達していません。
　「品質」や「表示」（**注17-1**）でよく問題になる法令は、「欠陥」に関する製造物責任法、「優良誤認表示」に関する景品表示法（**注17-2**）ですが（**注17-3**）、不正競争防止法にもご留意ください。同法は「誤認させるような表示」に広く適用されること、「物」に限らず「サービス」にも適用されること、対消費者だけでなく事業者間の取引にも適用されること、「誤認させるような虚偽の表示」には刑事罰があることなどで、品質検査偽装では、まず、同法違反の有無を検討すべきものと思われます。

3　契約不適合

「契約不適合」は契約違反の問題であり、そこに「コンプライアンス」を持ち出す必要はありません。ときどき、「契約違反もコンプライアンスに反しますか？」と訊かれることがありますが、両者は別の問題です。

契約は、その当事者間の問題で、ペナルティさえ払えば破ってもよいもの、つまり、「違反」も想定の範囲内で、極端にいうと「どっちが得か」という選択の問題です。これに対し、コンプライアンスは、当事者だけの問題ではなく（むしろ後述のとおり「みんな」との関係が重要です。）、違反という「選択肢」を想定してはいけないものです（**注17-4**）。

なお、「契約不適合」は「安全性」とは関係がない点にはご注意ください。「仕様書と多少違っても安全性に問題がないから大丈夫です！」という現場の声（言い訳）をよく耳にしますが、決められた仕様に違反していれば、もうそれだけで契約不適合であり、安全性に問題がないことは契約責任を否定する理由にはなりません（**注17-5**）。

4　コンプライアンス（企業理念）

さて、2で見た「法令」は長年の経験に基づく先人の智慧であり、問題となるケースではたいてい、何らかの「法令違反」があるものですが、「法令違反」がなく、「契約不適合」にも当たらない場合に、企業のコンプライアンスが問われることになります。

この点、冒頭の①（逸脱の標準化）は、会社にとっては「過失」責任の問題（内部統制システム構築義務や善管注意義務の問題（**注17-6**））で、これを「コンプライアンス」という曖昧な規範

の問題にする必要はないと思われます。

　これに対し、②（会社ぐるみの隠ぺい）は、単なる「過失」ではなく「故意」であり、企業としてのコンプライアンスが問われます。たとえ具体的法令に違反せず、また、契約相手が問題視していなくても、です。

　なぜでしょうか。それは、品質検査偽装（データ不正）は、契約当事者だけの問題ではなく、また、株主だけの問題でもなく、それを必要とする需要者や一般消費者、つまり、広く「みんな」の生命、身体、健康等に関わる問題であり、経営者が偽装に気づきながら開示も説明もせず、さらにそれを隠ぺいする姿勢が「知りて害をなすな」というプロフェッショナルの基本を踏み外しているからです。これが「社会の要請に反している」といわれるゆえんですが、問題の本質は、その会社の「企業理念」、その根本にある自利利他の精神を大きく逸脱している点にあると思われます。

5　よくある言い訳

　そんな場合、前述のとおり、「社内基準はあくまで安全サイドで堅めに設定しており、品質や安全性に問題はない」「実際、事故やクレームは起こっていない」という言い訳をよく耳にします。

　しかし、もし安全性に問題があれば刑事事件にすら発展しかねないものですが（**Q5**の瞬間湯沸かし器のリコール事例参照）、仮にそうでないとしても、偽装発覚時の危機対応として、そんな「内輪の論理」で世間の理解を得ようとする姿勢自体、大いに疑問です。なぜなら、「10」という基準の逸脱を認識しながら、いざ問題になると「いや、10という基準がおかしかった

んだ」と言い訳するような組織は、「基準」なんてカタチだけのものですから、11どころか12、13……と、もっと大きな逸脱の隠ぺいを疑われるのも当然で、そんな組織が「安全性に問題はない」と強弁しても、誰も信用しないからです。

翻って、そもそも「基準」（あるべき姿）と「実際」のズレを隠し、さらに言い繕おうとする姿勢って、どうなんでしょう？「規範的思考」（Q1）と相いれない「場当たり」的な思考で、コンプライアンスの基本（Q9）に反していますよね。やはりここは、些細な逸脱も含め、「ダメなものはダメ」とはっきりとケジメをつけ、いつどこに引っ張り出されても正々堂々と説明できる晴れ晴れとした心で、正直に対応すべきだと思います（Q1、Q2）。

なお、食品に関するものですが、「自ら積極的には公表しない」というのは「消極的隠ぺい」だとして経営陣の損害賠償責任を認めた判決がありますが（Q18、Q42）、その理でいくと、「積極的隠ぺい」については経営者個人の損害賠償責任に発展する可能性も否定できません。

6　「隠ぺい」「改ざん」「ねつ造」「会社ぐるみ」

補足しますと、②のパターンで特に注意しておきたいキーワードが「隠ぺい」「改ざん」「ねつ造」、そして「会社ぐるみ」という言葉です。こんな象徴的な見出しによって実態のいかんにかかわらず「炎上」するケースも散見されます。

マスコミは、「真実を伝え、国民の『知る権利』に応える」という使命から社会的価値のある事象に注目します。ここに「社会的価値」とは、結局、「みんな」の関心事にほかなりません。「隠

ぺい」や「改ざん」「ねつ造」等は、「みんな」の利益を軽視し、「自利利他公私一如」に逆行する象徴的な言葉といってよく、それゆえマスコミの格好の標的となるわけです。

会社には会社なりの言い分やロジックがあるのかもしれませんが、そんなときこそ、ぜひ一呼吸おいて、次のように自問してください。

・ホントにそうか？　それはうちの企業理念、ひいては自利利他公私一如にかなうものか？
・それは出るところに出ても通用するロジックか？　社内でしか通用しない「内輪の論理」になっていないか？

つまりは、「遅い思考」によって自らの思考を今一度、検証するのです。コンプライアンスリスクを管理し、その責任をとるのが経営者だからです。

半六先生からのアドバイス！

■「企業理念」をまっとうして自利利他を追求することこそ、「社会の要請」に応えること
■コンプライアンスは「選択肢」ではなく、企業が生き残るための唯一の道

（注17-1）「品質」と「表示」は密接不可分で、「品質問題」というか「表示上の過誤」というかでかなりニュアンスが違いますが、実際にはその違いは微妙です。
（注17-2）正式名称は、不当景品類及び不当表示防止法。
（注17-3）課徴金の額が非常に大きなものとなり、納付命令が経営が大きな影響を

及ぼすことがあります。

(注17-4) 拙著『いちからわかる・使える「契約」Q&A〜今さら聞けない現場のギモンを解決〜』(2022年、第一法規) 98頁参照。

(注17-5) 例えば、居住用建物の鉄骨の太さに関する最判平成15年10月10日参照。

(注17-6) なお、これも広い意味では法令(会社法)違反ですが「具体的」法令違反ではなく「抽象的」法令違反にとどまります。

Q18
Question

不祥事がわかったら、
些細なことでも
必ず公表しなければ
ならないのですか？

A 事前に公表の基準を定めているときはそれにより、定めていないときは「企業理念」に立ち返り、それが「みんな」に及ぼす影響はどうか、という観点から判断してください。

───── **解 説** ─────

1 社外公表の要否

　社内で「逸脱の標準化」（**Q17**）がわかった場合、些細なことでも必ず公表しなければならないのでしょうか。

　取引先との関係を懸念する現場部門からは、「わざわざ公表しなくてもいいんじゃないか？」という意見が、他方、管理部門からは、「後で叩かれるくらいなら、とりあえずウェブサイトにアップしておけば？」という意見が出てきそうです。

　人間には、正常性バイアス（**注18-1**）やグループシンク（集団浅慮）といった心の癖があり、本当に「些細」かどうかは「はやい思考」だけでなく「遅い思考」で考えてみる必要があります。

　ここは、曖昧なまま「とりあえず」走り出すのではなく、少し立ち止まって、物事の「理」（利）を考えてみましょう。

2　あらかじめ定めている場合

①　**法令**

　まず、法令で公表や届出が義務付けられている場合（例えば、食品衛生法第８条の健康被害情報）は、当然、それに従うことになります。なぜなら、法令は「みんな」のための先人の智慧だからです。

　なお、義務付けまではなくても法令違反に対する「罰則」が定められている場合は、公表を原則とすべきでしょう。

②　**社内基準**

　社内ルールで公表等が明示されている場合も同様です。なぜなら、社内ルールは、いざというときに備え、なすべきことを取り決めておいた手順書であり、過去の失敗に学んだ先輩たちの智慧だからです。自ら取り決めた基準を無視することは、それ自体で自分の首を絞めかねないことにご留意ください（**注18-2**）。

　なお、このような公表の基準や手続は、有事に臨んだその段階で慌てて考えるのではなく、あらかじめ平時の冷静な段階で決めておくのがよいでしょう（**Q40**、**Q41**）。

3　あらかじめ定めていない場合

　では、明示のルールがないときはどうすればよいのでしょうか。

　そんな場合は、役所や顧問弁護士に相談することが多いと思いますが、自社のプリンシプル（原理原則）をもって相談できればベターです（**Q7**）。

私見では、その際、拠り所となるのが「企業理念」（さらにそれを具体化した社内の行動規範）であり、その根底にある「自利利他公私一如」です。

　そして、これらに照らして考えた場合、何よりも重要なのは、被害の拡大防止です。だから、被害が発生し、その拡大の可能性があるときは、それを防止するため、その危険性を「みんな」に知らせなければなりません。

　特にその被害が人の生命、身体、健康に関わる場合は、たとえ自らに責任がないときでも、公表、さらにはリコールも含めた対応を検討する必要があります（**Q5** の瞬間湯沸かし器のリコール事例参照）。

4　消費者の立場で考える

　食品でも、健康被害がまったく考えられない場合や、今さら公表しても意味がないという場合もあり、そんなときは、「わざわざ公表しなくても……」となりがちですが、そこは「メーカーの論理」だけでなく、「消費者の立場」でも考えるようにしてください。特に、「様子を見よう」という不作為や先送りの誘惑が頭をよぎったときは、次の判示（**注18-3**）を思い出してください。

　　「被告らは…取締役会で明示的に議論することもなく、『自ら積極的には公表しない』などというあいまいで、成り行き任せの方針を、手続き的にもあいまいなままに黙示的に事実上承認したのである。それは、到底、『経営判断』というに値しないものというしかない。」

半六先生からのアドバイス！

■Change before you have to.

（追い詰められる前に自ら変われ）

■「みんな」が知りたいのは、

「何が起きたのか？」

「なぜ起きたのか？」

「なぜ防げなかったのか？」

そして、「どうしたらよいのか？」

（注18-1）危険な状況や異常な状況であっても、「大丈夫、正常の範囲内」と思い込みたい人間の心理、一種の心の安定を保つメカニズム。

（注18-2）自ら決めた職務権限基準表が「重要な業務執行」の基準となるとした名古屋高判平成28年7月29日（ゲオホールディングス事件）

（注18-3）大阪高判平成18年6月9日（ダスキン株主代表訴訟事件）

Q19

Question

なぜ最近、企業は自ら
不祥事を公表するのですか？
不利なことは黙っていれば
いいのではないですか？

A もはや「隠す」という選択肢はなくなっているからです。

解　説

1　公表とコンプライアンスの関係

「何でわざわざ自社の不正を公表するんだろう？　黙って
りゃわからないのに、自分で自分の首を絞めて、バカじゃない
の？」——もしかしたらそんなふうに思われる人もいるかもし
れません。

確かにちょっと前まで、不正や不祥事は「隠すもの」でした。
しかし、今やその常識は通用しない時代になっています。

以下、この問題について、予防倫理・志向倫理の2つの観点
から考えてみたいと思います。

2　予防倫理の観点　〜隠せない

今は「隠したくても隠せない時代」になっているということ
なのですが、その背景は、大きく3つに整理できます。

① リーニエンシーなどの法制度

第1に、公益通報者保護やリーニエンシー（申告による課徴金の減免）、日本版司法取引（共犯者の情報を提供することで刑事処分について有利な取扱いを受ける）など、従来になかった新たな法制度の導入です。

昨今、不祥事が発覚する端緒の大半は、内部告発です。

かつては、仲間を売る（チクる）ような卑怯な行為はわが国の精神風土に馴染まないといわれましたが、今や内部告発はコンプライアンスの実効化に不可欠な制度となっています。

この価値観の変化は重要で、私の世代では、「父は子のために隠し、子は父のために隠す、直きこと其の中に在り」という論語の倫理観を当たり前に受け入れていましたが、今では真っ向から否定されています。その代表的な失敗例が大阪地検特捜部事件で（Q8）、「庇いたくても庇えない」「泣いて馬謖を切」らざるを得ない時代になっているのです。

② デジタル社会の進展と高度化

第2に、監視カメラ、録音・録画、SNS、デジタル証拠、AIによるフォレンジック調査など、デジタル化やAIといったテクノロジーの発達です。

デジタル社会では「壁に耳あり、障子に目あり」で、あらゆる情報が保存され、ときに意に反して流出します。

今や、現場に行かなくてもパソコンの中にすべての犯行現場が保存され、消去したつもりの情報も復活できてしまいます。その結果、ある事件の捜査の過程でまったく別の古い不正が発見され、また、それが飛び火して芋づる式に立件される、ということもあります。まさに痕跡は消せない、経緯は

つくれない、動機はごまかせないという社会になっています。

③　人の口に戸は立てられない

第3に、人間の本質です。

「人間社会はゴシップがつくってきた」「他人の不幸は蜜の味」といわれますが、人の口に戸は立てられません。

一般人のライター化や文春砲によって私的な言動まで悉く公にされ、マスコミによる徹底した聞込み取材と報道により、炎上、事件化する例も散見されます。

以上を考えると、不正がなぜ「バレない」とか「隠せる」と思えるのか、逆に不思議です。むしろ、隠したい情報ほど値打ちがあるので、必ずバレると考えておいた方がよいでしょう。

そして、このように、不芳情報や不正情報の流出は不可避だとすると、「隠せない以上、自ら公表しよう」という動機づけとなります。

3　志向倫理の観点　〜再生に向けて

でも、それだけなら単なる「義務の道徳」ですよね。

会社自ら公表することには、もっと積極的な意味があるように思います。例えば、次のようなものです。

①　真因の究明と再発防止

「自責」の自覚の下に事実を分析し、経営者自らの頭で考え、自分の言葉でその根本原因を説明しようとすることで、その真の原因（真因）に気づくことができます。

また、そんな真摯な反省を基に、社内で想定されるあらゆ

る「言い訳」を徹底的に封じ込めることで、再発防止につなげることができます。

② **企業風土改革**

業績悪化や賠償責任、自らも含めた関係者の処分、株価下落、株主総会での厳しい糾弾等、様々なバッシングを受け、また、それも覚悟の上でオープンにすることで、それまで、問題を矮小化してやり過ごそうとしてきた過去の企業風土を一新することができます。

これに関連し、ある経営者の言葉に私自身、ハッとさせられたことがあります。

「（談合の）課徴金を支払ってでもそれで企業文化が変わるのであれば、そっちの方がよいのではないか。それが真摯な反省のきっかけとなるのであれば……」。

また、そのような観点から、過去の失敗を「社史」に書き込み、記念館に展示する企業もあります。

③ **顧客への感度を高める**

公表するということは、上司や目の前の顧客（その担当者）しか見ていなかったそれまでの近視眼的な目線を改め、商品やサービスの行く先、つまり「みんな」にまで目を向け、神経を行き渡らせていく、ということです。

これは、先人の目指したものや、法令の根底にある「法益」（Q9）を考えることにほかなりません。

④ **正直さ**

不祥事を隠して抱え込み、対外的に嘘を重ねることは、経営者はもちろん、従業員にとってとても苦しいことです。自ら公表することで、そんな苦しさから解放され、人としての

心の平安・well-beingにつなげることができます。

公表には、以上のような「自浄」や「再生」に向けた前向きの意味があります。

これは、現状をありのままに直視した上で、未来を見据え、「今・ここ」にある現実を、より良い状態に変えていこうと努める「規範的思考」や「コンプライアンス」の考え方（**Q1**、**Q9**）そのものだといえるでしょう。

半六先生からのアドバイス！

■ピンチはチャンス。不祥事こそ社風を変える絶好のチャンス

■懺悔（ざんげ）から真の更生が始まる

■問題を矮小化するのではなく、ウミを出し切る。雨降って地固まる

■「正直者がバカをみる」は過去の話。「スーパー正直」（パナソニック）な会社でありたい

■「動機を以て人を見る」（渋澤栄一）

Q20
Question

後知恵や結果論で後から思わぬ責任を問われないためには、何に留意しておくべきですか？

A いつ何時、どこに引っ張り出されても、理と証拠に基づいて堂々と説明できるよう、自問自答を繰り返し、「今、自分にできること」をすることです。具体的には、「違和感」を封じ込めない、他人の智慧を借りる、規範的に考える、先人の智慧に学ぶ、そして、記録を残す、です。

―――――――― **解 説** ――――――――

1 「後智慧」対策

　神ならぬ人間には予見できないことも多いのですが、経営者の「任務懈怠」や「予見可能性」に関し、実務上悩ましい問題が「後智慧（あとぢえ）」です。

　つまり、実際に起こった結果を見て、「そんなことは予見できたはずだ」とレトロスペクティブに（後から振り返って遡及的に）判断がされがちなことです。

　実際、人の評価は「結果」論と紙一重です。最近の例では、東日本大震災後の原発事故に関し経営者の法的責任が問われた

ケースで、刑事責任はないとする判決がある一方、13兆3,210億円もの損害賠償責任を命ずる判決が言い渡されるなど裁判所の判断も大きく分かれています。事程左様に「予見可能性」の判断は難しいのです。

これには、どのように対策しておけばよいのでしょうか。

一言でいえば、自問自答（想定問答）を繰り返し、今、自分にできることをやる、「いつ何時、どこに引っ張り出されても堂々と説明できるように、その時点でやれることをやっておく」ということです（**Q 2**）。

私の具体的な提案としては次のとおりです。

2　違和感を封じ込めない

第１に、そのときどきにおける違和感、「あれっ？」とか「ん？」という感覚を見過ごさないことです。

経営者というのは、経営のプロとして、その直観力と決断力に期待して「判断」を託された方々です。そうだとすれば、意識的にせよ無意識的にせよ自らの「違和感」を封じ込めることはその職責に反することになります（法的には、善管注意義務違反の問題）。

ただ、日々の業務に忙殺されていると、そんな「心の声」を聞き逃してしまいがちです。だからこそ、ここは「意識的に」心耳を澄ますことが大切です。

私は、ときどき、大阪高裁長官として赴任された修習時代の刑裁教官の次の言葉を思い出します。

　　「広い部屋やゆったりとした勤務時間、送迎といった恵

まれた執務環境を与えられているのは、一に懸かって判断を誤らないためだ。自分の仕事は、正しい判断をすること、そして、責任をとることだ。」

　常に有事に備え、心を調えるということだと思うのですが、経営者が瞑想やマインドフルネスに取り組まれる理由はその辺りにあるのではないかと思われます。

3　規範的に考える

　第2に、違和感を感じたら、いったん立ち止まり、「ホントにそうか？」と「はやい思考」を自問し直してみることです。その上で、「場当たり」的にではなく、「規範的」に考えることです（Q1）。それは、「そのロジックは裁判所で通用するものか」と自問することであり、自社の本分（企業理念）と自らの職分（役割）に照らして自己観照する、ということです。

　なお、その際、私が経験的に重要と思うのは、「宙で考える」のではなく「手で考える」、つまり、手で自分の思考を紙に書き出してみることです。これをライティング・セラピーという人もいますが、書くことは人を確かにします（ベーコン）。「言葉は思考、思考は言葉」で、思考がいい加減だと行動も当然、いい加減になります。手で書くことで思考が「見える化」できますし、判断過程を後で振り返り、自己分析できるメリットもあります。

4　智慧を借りる

　第3に、「文殊の智慧」で、気になった点について他の人の意

見を聞いてみることです。

　自分の感じた違和感について、他人の経験や智慧を持ち寄ってもらって検証するのです。経験や智慧は、多様であればあるほど、また、多ければ多いほどよいからです。

　コロナ禍は直に人と会うことの有難さを教えてくれましたが、「これは取締役会の場で」とか、あまり固く考えず、立ち話でもいいので「どう？　違和感ない？」と、信頼できる身近な人に雑に聞いてみる（雑相：雑に相談する）ことで、何か別の大事なことに気づけることもあります（セレンディピティ）。

5　先人の智慧に学ぶ　──リーガルリサーチ

　第4に、先人の智慧です。

　経営者が迷う場面というのは、たいてい、法令がなかったり解釈が定まらない、いわゆるグレーゾーンですが、人間社会は長い長い人類の経験の上にあり、一見、前例のない新たな問題のように見えても、必ず先人の智慧が参考になります（つまり、不易流行ですね！）。

　「吾嘗終日而思矣、不如須臾之所學也」（荀子）という言葉があり、その意味は、「私はかつて、一日中あれこれ考えたが、それは、ほんの一瞬、少し調べたところにも及ばなかった」というものです。とりわけ裁判例は人間社会における実際の紛争を理性に基づいて解決してきた先人の智慧ですから、似たような事例の裁判例の奥底にある「考え方」やロジックを知ることで何かしらの糸口が得られるはずです。

6 行動と記録

　最後に行動です。判断だけではダメで、ちゃんと行動すること、具体的に手を打つことです。

　経営者であれば、きちんと部下に指示する、言いっ放しではなく、その後も、「あれはどうなった？」とフォローする、そして、自らの行動を、その根拠も含めて記録化しておくといったことが重要だと思います。

半六先生からのアドバイス！

■方向づけて（director）、資源（ヒト・モノ・カネ・時間）を最適配分し、やり遂げる。結果が出なければ、責任をとる。それが経営者

■自らの認知を認知し、見たくないものを見る。自らの「心」のプロセスを細分化して「気づく」

■一晩寝かせ、朝もう一度考える──直感➡思考➡意思（やっぱりこうしよう）➡行動

■「巨人の肩の上にのる矮人」（ニュートン）──先人が積み重ねてきてくれた知見の上に立って、ほんのわずかに歩を進める

Q21

Uuestion

「炎上」を防ぐには
何に注意すれば
いいのですか？

A 顧客や社会の正当かつ合理的な期待（コンダクト）に応えて
いくことです。そのためには、様々な視点から交差光線を当て、
独善に陥っていないか、幅広にチェックする必要があります。

解　説

1　ネット炎上

　最近、よく「炎上」が問題になりますね。炎上というと「みん
な」、つまり、広く世間一般が批判しているかのようにも見えま
すが、実際にはごく一部のインフルエンサー（影響力ある人）
が牽引するケースがほとんどのようで、炎上したからといって
常に問題があるとは限りません。

　しかし、いったん、炎上してしまうと、収拾に多くのコスト
や時間を要し、従業員の士気も落ちてしまいます。

　炎上を避けるには、何に留意しておけばよいのでしょうか？

2　まずは法令に違反しないこと

　名誉毀損や侮辱、業務妨害、デッドコピー（不正競争防止法違

反・著作権侵害）といった法令違反であってはならないことは当然です。法令は、みんなが幸せに暮らすための智慧だからです。

　しかし、純粋に法的な観点だけで判断するのは危険です。パクリが疑われた東京オリンピックの公式エンブレム問題もそうではないかと思うのですが、「炎上」は、社会心理、人々のホンネの感情に関わるもので、法的な判断、「あるべき規範」とは次元を異にするからです。

3　現代は、心性史上、極めて特異な時代

　今は心性史上、極めて特異な時代にあります。

　歴史は通常、特殊な「事件」で記憶されますが、人類の歴史には、そこに生きた人々の普通の暮らしや思考、感情があったはずですよね。「心性史」というのは、そんな市井の人々の日常的な思考や感情から歴史を追ったものですが、今、それを認識する最も端的な手法がSNSです。テクノロジーの発達により昔は捕捉困難であった個人の心の中のつぶやき（内言・心の中の思い）が見えるようになり、しかも、それが大きな社会的影響力を持つようになったのです。

4　複眼的・俯瞰的な観点

　それゆえ、炎上を予防するには、裁判所基準のモノサシで「法的に正しいかどうか」を考えるだけでなく、多面的な角度から交差光線を当てて想定問答を繰り返し、より幅広くチェックする必要があります。

例えば、次のような観点です。

【予防倫理の観点】

① 社内ルールに違反した投稿ではないか？

② 業界のルールやガイドラインに照らしてどうか？

【志向倫理の観点】

③ 書かれた人が見たらどう感じるか？

　自分の言い分だけにフォーカスした「自己チュー」なものになっていないか？　語感も含め、傲慢で「上から目線」（に見えるもの）になっていないか？　自分でも気になりつつ「言い訳」をつくって「心の声」をごまかしていないか？

④ ステークホルダー（従業員、顧客、取引先、株主、地域住民等の利害関係者や監督官庁）の目から見てどうか？

　関係者を傷つけたり、嫌な思いをさせるものになっていないか？

⑤ 世間（第三者）の立場で見た場合はどうか？

　多様な受け手に自分の真意が伝わる内容になっているか？（インターネットは「全世界への発信」で、誰が見るかわからないからです。）　例えば、LGBTQ（性的少数者）・ダイバーシティ（多様性）やインクルージョン（「違い」を呑み込んで活かす）といった観点から見て「少数者」「人権」「人種」「宗教」「思想信条」の視点が欠落していないか？　世代間の意識ギャップといった感性のズレにも留意しているか？

⑥ サスティナビリティ（地球環境保護や持続可能性　**注21-1**）やSDGs（持続可能な開発〔発展〕目標）（**注21-2**）、ESGの観点からはどうか？　等々

　以上のような多角的な視点から、自分の感覚にズレ（社会不適合）やバイアス（偏見）が生じていないか……と自問自答してみることです。上司の意向だけをうかがう「ヒラメ型」の社内目線ではダメです。「面倒臭いなぁ……」と思われるかもしれませんが、正しいことは面倒臭いものです（苦笑）。そのためには、書いてすぐアップするのではなく、一晩寝かせる、信頼する人に見てもらうなど、発信する前に冷静な目でチェックのプロセスを経ることも有益です。

　経営陣は「会社の顔」ですから、その発信は一言一句、ゆるがせにはできません。経営陣の価値観不良は会社にとって致命傷となりかねませんから、経営者自身も（否、経営者こそ）アンテナを高く立て、日々、学び続けなければならないのです（**Q1**取締役のトレーニング）。

　なお、いくら正しくても炎上することはありますから、「思わぬ炎上」も想定し、事後対応の準備をしておくことも重要です。

半六先生からのアドバイス！

■天下無敵とは、戦って敵をやっつけることではなく、敵がいないこと

（注21-1）企業が持続的に成長を続けるためには地球環境が維持されることが不可欠ですが、「プラネタリー・バウンダリー」といわれる臨界点（地球の限界）を超えると二度と元には戻らない、その臨界点が間近に迫っている、といわれています。

（注21-2）SDGsが従来のメセナやフィランソロピー等と違うのは、「いいことしようぜ」という副業的な発想ではなく、「儲けようぜ」という本業そのものの発想にあります。

Q22
Quuestion

コンプライアンスなんて、
所詮、大企業のきれいごとで、
うちのような中小企業には
関係ないのでは
ないですか？

A 「コンプライアンス」は規模の大小を問いません。中小企業だからといってコンプライアンスを軽視していると、従業員はもちろん、取引先や消費者の信頼を失って衰退し、淘汰されるしかありません。

———————— 解　説 ————————

1　儲けがすべて？

　「で、結局、ナンボ儲かんねん!?　数字で示してくれよ！」——小難しい説明を続ける担当者に対し、イラついた社長さんの声が聞こえてくるようです。でもこれって、中小企業（に限りませんね。）の社長さんのホンネではないでしょうか？

　ただ、儲けるためには、自利ばかり考えていたのではダメで、「自利利他公私一如」の下に「企業理念」をまっとうし、誠実に商人道に励み、従業員はもちろん、取引先や消費者に信頼されなければなりません（**Q12**）。人に信頼されなければ、引き立ててもらえず、かくては、人の役に立ったり社会に貢献すること

もできず、結局、儲けることもできません（**Q13**）。

2　チームの一員であること

　さて、中小企業は大手企業から仕事をもらうことが多いと思いますが、昨今、大手は、グループにとどまらず、サプライチェーン（供給網）も巻き込み、トータルでコンプライアンスを考える時代になっています。中には「サプライチェーン推進部」などの専門部署を置く会社もあります。これは、大手の事業は多くのサプライチェーンによって支えられており、その中のどこかが不祥事を起こした場合、供給が途絶え、生産に大きな支障を来すこともあるからです。つまり、そんな不祥事を抱えた会社と取引をしていること自体がリスクになっているのです。その意味では、中小企業も、「大手のグループを支えるチームの一員なんだ」という意識が必要であり、そんな意識のない会社は自ずと選別されていくことになります。

3　法令遵守の表明保証

　大手では、すべての取引先に対し、誓約書（いわゆる表明保証）の提出を求めるところが増えています。具体的には、「法令遵守と品質向上のため当社が定めた（詳細な）遵守条項に同意してください。それを証するため、誓約書に代表者自ら署名してください」といったものです。もちろん、違反すれば取引が解消されます（それも含めて同意する内容になっています。）。法令遵守・コンプライアンスが取引の前提条件とされ、中小企業に

とっても不可欠なものになっているのです。

　また、政府のガイドライン（**注22-1**）を契機に、「人権デューデリジェンス」の動きが広がっています。それぞれの会社が「人権方針」を定めてコミットメント（約束）し、人権に対する「負の影響」を特定・評価し、それに対応（防止・軽減）した上で、実効性を評価し、説明するという取組みが求められます。

　児童労働の例で考えますと、「うちは児童労働なんかさせてない！」と思われるかもしれませんが、たとえ自社でやってなくても、海外での児童労働により生産された製品を使っていると、それが結局、児童労働を助長することになりますので、その辺りの負の影響の評価や対応が必要になるのです。

4　コンプライアンス意識

　さらに、おそらくみなさんも実感されていると思いますが、最近の若い人はコンプライアンス意識が非常に高く（例えば内部通報制度のない会社では働きたくない、というように）、また、「社会課題の解決」や「自己成長」に強い関心を持っています。

　しかも、生まれたときからインターネット環境に親しんでいるため、リサーチ能力や「コスパ」（コストパフォーマンス、ムダなことを嫌う）、「タイパ」（タイムパフォーマンス）意識が高く、「ここにいても成長できない」と考えれば、さっさと見切りをつけて転職します。「石の上にも３年」という言葉はもはや死語と化し、今は「隙あらば転職する」とされる時代です。労働人口が急速に減少する「縮退社会」のわが国では、若い人の早期退職をいかに防ぐか、若者に選ばれる企業になるにはどうすれ

ばよいか、が重要な経営課題となっています。

　企業は「人」です。中小企業だからといってコンプライアンスを軽視していると、消費市場、取引市場はもちろん、労働市場での競争力を失って衰退し、やがては淘汰されるしかありません。

半六先生からのアドバイス！

■これからの「縮退社会」では、従来以上に「人」との関係性が重要に。人から信頼され、選ばれる企業に

■人は城、人は石垣、人は堀、情けは味方、仇は敵なり（武田信玄）

（注22-1）『責任あるサプライチェーン等における人権尊重のためのガイドライン』（令和4年9月）

Q23
Quenstion

コンプライアンス
については、どんな
弁護士に相談すれば
よいのですか？

A まずは御社のことを一番よくわかってくれている顧問弁護
士さんに相談してみてください。

───────── 解　説 ─────────

1　弁護士への相談

「何でもかんでも弁護士や役所に相談するんじゃない！　もっ
と自分たちで考えろ！」──これはある社長さんの法務課員に
対する叱咤（激励？）です。

確かに私も、「これを弁護士に相談されてもなぁ……」と感じ
ることがあります。「どっちもあり」という場合、経営者の考え
や社内の状況もわきまえずに弁護士がいきなり出しゃばるのも
どうなのかぁ……と。

その一方で、理と証拠、経営理念や経営方針から見て、「おそ
らくこれしかないだろうな」と思うこともあります。

2　弁護士のタイプ

　余談ですが、一口に「弁護士」といってもいろいろです。

㋐　「法的には A、B、C の３つの選択肢の可能性があります。それぞれのメリット・デメリットはこれこれです。選択するのは御社です。どうぞご判断ください。」

㋑　「この場合は絶対、B でいくべきです。それ以外の選択肢は考えられません。」

　──ちょっと極端な対比ですが、いかがでしょうか。

　㋐は、ChatGPT的な回答で、可能性があることは重々わかった上で、社内の意見が分かれる中、リスクの匂いを嗅ぎ分けて背中を押してほしいときはあまり役に立ちませんよね……。もう１つ余談ですが、会社が社外の弁護士に求めるモノって、一体何でしょう？　上司に報告するための「外部弁護士の法的な見解」というのは当然あるのでしょうが、「実務感覚」って結構重要なのではないでしょうか。それは例えば、外部の目から見てどう？　ヨソはどうしてる？　といったことで、社内だけだと、何となくヌケ・モレやズレの不安もあり、アバウトでもいいからちょっと背中を押す一言が欲しい、という場合が結構多いように思います。

　この点、㋑は、非常に心強い助言のようですが、半面、他の選択肢の説明がなく（いわゆる「断定的判断の提供」になってしまっています。）、経営者の決断をサポートするものとはいいがたいように思われます。経営者が求めているのは、複数の選択肢の中からどれをとるべきか、それに役立つビジョンとロジック、そして理と証拠ではないでしょうか。

3 良い弁護士とは？

さらに余談を続けますと、「良い弁護士」って、一体、どんな弁護士なんでしょう？

諸説あると思いますが、私が思うのは、

① この人はおかしなことはしないという【倫理観と信頼感】

② うちの会社のことをよくわかってくれていて、困ったときに、何でも気軽に相談できるという【安心感】

③ 「何があってもあなたの味方」──苦しいときも放り出さず、共に戦い、最後まで二人三脚で共に歩んでくれるという【同事と同行】

④ そして、次のような「知情意」を提供してくれる弁護士が、頼りがいのある「良い弁護士」なのではないでしょうか。

　㋐ 今、その時に最も必要とされる良質の「使える」情報（知識より智慧）をわかりやすく提供し、かつ、ダメなものはダメとはっきりいってくれる【知】

　㋑ 不安を和らげ、心を元気にしてくれる【情】

　㋒ 「私の世界にようこそ！」──それまでにない新たな視点や価値観、モノの見方や考え方、そして、やる気を注入してくれる【意】

4 顧問弁護士に聞く

……と、ずいぶんＱと離れたムダ話をしてしまいましたが、何がいいたいのか、というと、「弁護士」にもいろんなタイプがいるということ、しかし顧問弁護士がいる場合は、その弁護士

さんこそ会社のことを一番よくわかってくれる、まず最初に相談すべき弁護士ではないか、ということです。

　最近は、顧問弁護士を置かず、個々の案件ごとに講演などで見つけた弁護士さんにスポットで相談される会社も増えていますが、会社の長い歩みも知った上で企業理念や社風、従来の対応等も踏まえた辛口の助言は、一見（いちげん）の弁護士にはできません（まぁ、その方がよいこともあるかもしれませんが……。）。

　会社は、それぞれ、企業理念はもちろん、業態や業容、現況、したがって、注意すべき法令も様々で、一口に「コンプライアンスの問題」といっても課題は千差万別です。それゆえ、一概にどの弁護士がよいとはいえませんが、最初にコンタクトすべきは、会社の企業理念（価値規準）や「モノの考え方」を一番よくわかってくれている顧問弁護士だと思います。

　その上で、自社のコンプライアンス上の課題を明確にしてもらい、必要に応じ、しかるべき弁護士を紹介してもらうのがよいのではないでしょうか。

半六先生からのアドバイス！

■顧問弁護士こそ最大の味方であり応援団。活用しないともったいない

■求めるものはたいてい「外」ではなく「内」にある

■人材は身近にいる。問題は、活かせるかどうか

■経営者が欲しいのは「やめときなはれ」より「どうしたらできるか」──顧問弁護士はそのための「経営参謀」

III

ガバナンス

Q24〜Q35

Q24
Question

コンプライアンスは、
リスク管理、ガバナンス、
内部統制とどういう関係
にあるのですか？

A 大まかにいうと、「目的」と「手段」の関係です。

解 説

1 ○○の乱

「コンプライアンス上の重大な件について記者会見をする」
——某プロ野球球団の内紛絡みで、そんな事前通告の下に記者
会見が実施されたことがありました。

そこで示されたのは、トップダウンによるグループ人事の是
非ということだったようで、「コンプライアンス」という言葉の
捉えどころのなさもあり、真に訴えたかったポイントがいまひ
とつ正確に伝わらなかった印象です。

メッセージというのは、よほどキーワードを選び抜き、定義
を明確にして使わなければ思いは伝わらないなぁと、私自身、
いつも反省しています。

2　それぞれの関係

さて、横文字が多用される昨今、何となくわかったようで実はよくわからない言葉も多いですよね。コンプライアンスとリスク管理、ガバナンス、内部統制（インターナル・コントロール）の関係はどのように理解すればよいのでしょうか。

「コンプライアンス」は、第1編Ⅱで詳述したとおり「自利利他公私一如」。「うちの会社の強みは何で、その強みをどう活かして顧客の真の幸せに貢献し、しっかり儲けて成長していくのか？」「そのためには何が必要か？」という、会社の「目的」や「存在意義」に関わるもので、「人が共に働く」という場面で不可欠のものです。これは、規模の大小を問わずあらゆる組織に求められるものです。

3　リスク管理

他方、「リスク管理」は、「目的」に到達する上で想定される様々な障害をコントロール（排除・移転・低減・回避等）していくことです。これは、某会長のお言葉（**Q4**）をお借りすれば、「抜け策」を防ぐこと、つまり、課題をクリアカットに抉り出し、しっかり準備して備えることです。

4　「ガバナンス」　〜株主と経営者の関係

以上に対し、「ガバナンス」や「内部統制」は、目的ではなく、「手段」です。

「ガバナンス」については、政府機関でもない私企業になぜガ

バナンス（統治）が求められるのか？　と、ちょっと不思議に思われるかもしれませんが、これは「コーポレート・ガバナンス」（企業統治）の略です。

　ガバナンスはそれ自体が「目的」なのではなく、あくまで目的を実現していくための「手段」です。「目的」は企業の成長であり、企業理念の実現にあります。「ガバナンスコード」（正式には「コーポレートガバナンス・コード」**Q29**）では、「会社が、株主をはじめ顧客・従業員・地域社会等の立場を踏まえた上で、透明・公正かつ迅速・果断な意思決定を行うための仕組み」と定義しています。

　一口にガバナンスといってもいろんな切り口（言葉の使い方）がありますが、その中核は、株主と経営者との関係です。

　株主は「会社の所有者」ですが（**Q25**）、その株主のために、経営者にその職責を果たさせる仕組みが「ガバナンス」、その在り方を問うのが「ガバナンス論」で、「ガバナンスが効いていない」というのは、経営者をコントロールする手段が実効的に機能していない、という意味合いです。なお、「取締役会全体の実効性」については**Q32**をご参照ください。

5　「内部統制」　〜経営者と従業員の関係〜

　他方、「内部統制」は、経営者と従業員との関係です。

　経営者が従業員の不正を防ぎつつ、いかにして士気高く働いてもらい、しっかり稼いでいくか、ということであり、経営者が従業員を使ってしっかりとパフォーマンスを上げていくための仕組みといってよいでしょう。

6 航海に例えると

以上は、航海に例えるとわかりやすいでしょう。

船の所有者が株主、船長が経営者、船員が従業員だとすると、船の所有者と船長の関係が「ガバナンス」、船長と船員の関係が「内部統制」です。

これに対し、「コンプライアンス」は、船が安全に航海し、目的地に到達するためになくてはならないもの、「リスク管理」は、航路や天候、船員の状況を的確に把握し、航海の安全を期することです。

乗組員がいなければ船は動かせませんから、船長は、船員を雇い、燃料等を確保して出航します。そして、航行中、船員に対し、「今、船はどこを航行しているか」「どこにどういう難所があり、そこをどう乗り越えるか」等を説明し、適切に任務を遂行させなければなりません。経営者のみなさんが従業員との関係で日々、努めておられるのはまさにこの部分です。

ただ、忘れてはならないことがもう1つあります。それは、船の所有者との関係で、所有者から託されたミッション（例えば、旅行客を目的地に安全・快適に送り届ける等）です。それが航海の「目的」であり、それがなければ「航海」ではなく、単なる「漂流」にすぎないのです。

半六先生からのアドバイス！

■目的（地）を明確にする。経営は航海であって、漂流ではない

■日常、身近に接する「従業員」だけではなく、普段あまり目に触れない「株主」を意識する

Q25
Question

よく「株主が会社の所有者だ」といわれますが、短期で売り抜ける株主も多く、**株主が従業員より優先されるのは納得がいきません。**

A 「株主が会社の所有者」というのは、経営者は従業員より株主を優先せよ、ということではありません。

─── 解 説 ───

1　株主に世話になった覚えはない……？

　会社の所有者は株主だとされています。でも、経営者のみなさんは、これには強い違和感をお持ちではないでしょうか。

　一口に「株主」といっても、創業時の苦しい時期にお世話になった株主もいれば、ショート・ターミズム（短期的利益の追求）の株主もいます。後者に対しては、「そのおかげで経営ができている」という実感などまったくなく、「会社の所有者だと偉そうにされるいわれはない！」と思われるのも至極ごもっともです。

2　「株主が所有者」ということの意味

これはどう考えればよいのでしょうか？

「株主が会社の所有者だ」というのは、単に「今の法律の建付けがそうなっている」というだけのことで（一種のフィクション）、株主が従業員より偉いとか、経営者は従業員より株主を優先すべきだということではありません。

株主が会社の所有者だとされる理由は次の点にあります。

・設立時に出資したのが株主であること（原始株主）
・会社が稼いだお金は、まず従業員その他のステークホルダー（「外の人」Q31）の支払いに充て、剰余金があれば最後に株主の配当に回されること
・その意味で、株主は配当受取人の最後尾、「ラストマン」たる「中の人」であること
・経営陣を選任・解任するのは株主総会であること
・したがって、株主は総会の決議によって経営陣を入れ替えることも可能であること

オーナー社長が亡くなった後の同族会社の相続争いでは、株主総会の決議によって経営陣を総入替えする事例がよく見られます。しかし、経営陣総入替えは、同族会社に限らず、上場会社でも散見されます。つまり、「資本多数決」こそが株式会社という仕組みなのです。

これって、何かに似てると思いませんか？……そう、「国民主権」です。国民主権も一種のフィクションですが、選挙の結果によっては与野党の政権交代も可能という意味では、法制度的な強制力を伴ったもので、株式会社もこれと同じ仕組みなのです（つまり、「株主主権」ということです。）。

3　経営者の務め

　Q24の「航海」の例で見たとおり、経営者は所有者たる株主から経営を託された受託者ですから、しっかり儲けて株主に配当をしなければなりません。

　そのためには、従業員のみなさんに士気高く働いてもらわなければならず、経営者は、日々、従業員の職場環境の改善やインセンティブの創出に努めなければなりません。「株主が所有者だ」といっても、この側面においては、「経営者は従業員より株主を優先すべきだ」ということではまったくないのです。

　他方で、当然のことですが、経営者は、主権者たる株主の意向も気にかけていなければなりません。なぜなら、その地位の根拠は株主の信任にあるからです。

　以上のとおり、経営者は、株主から経営を託された「**受託者**」と従業員に士気高く働いて稼いでもらう「**事業主**」の2つの立場を兼併しており、それぞれの役割を上手にこなし、「稼ぐ」という結果を出していくのが「良い経営者」といえるでしょう。

半六先生からのアドバイス！

■経営と事業（ビジネス）の鎹（かすがい）が経営者。だから、経営者にとって、従業員も株主も同じくらい大切

■経営者にとって「よい株主」も「悪い株主」もない。株主が経営者を選ぶのであって、経営者が株主を選ぶのではない

Q26

Question

なぜそんなに社外役員の人数を増やす必要があるのですか？

A 取締役会の軸足が、「決めること」（マネジメント）から「社外の目も入れて評価・監督すること」（モニタリング）へとシフトしてきたためです。

─── **解　説** ───

1　社内の昇進ルートが細っている……

　「社外役員ばかり増えると、社内昇進のルートが細ってしまい、従業員のやる気を削ぐのではないか？」——そんなことが心配になるほど、社外取締役が増えています。特に女性のニーズは高く、女性社外取締役は、今や引く手数多（あまた）の「引っ張りダコ」状態です。

　この流れに対しては、

・「社外役員ばかり増やしても社内のホントの実情はわからないのではないか？」

・「社外役員を入れればホントに会社の業績が上がり、不祥事がなくなるのか？」

といった疑問も聞かれるところです。

　なぜ今、これほど社外役員の要請が高まっているのでしょうか。

2　モニタリング・モデルが主流に

ここに至った流れを、（厳密さには欠けますが）私の現場実感を基に素描すると、次のとおりです。

①　従来の取締役会

わが国の会社では、事業部門で実績を上げた従業員をその部門の長に据え、取締役に抜擢するというやり方が主流でした（いわゆる「使用人兼務取締役」）。

そのため、取締役会というのは、基本的に事業部門のトップの集まりで、自由闊達な熟議はあまり期待できませんでした。なぜなら、取締役は自部門の事情に詳しくても他部門のことには知識も関心も乏しく、社長や他部門のことに口出しするのを遠慮する傾向があるためです。

かくて、取締役会は、「大所高所から『全体最適』を議論する場」というより、「必要最小限の法定事項について社長の決定事項を追認する儀式の場」となっていました。

②　ガバナンス改革

その後、失われた10年・20年を経て、アベノミクス第三の矢「『日本再興戦略』改訂2014―未来への挑戦―」の下で企業の「稼ぐ力」が意識され、「ガバナンス改革」「働き方改革」が進められる中で、ガバナンスの中核である取締役会に関心が向けられるようになりました。

また、この少し前辺りからだと思うのですが、法令改正という重い手続より、ソフト・ローによって企業を誘導するという手法が活用されるようになりました。その代表例がガバナンスコード（**Q 29**）です。

　これにより取締役会改革が一気に進み、海外で主流の「モニタリング・モデル」、すなわち、取締役会で方向性を決めた上で、個別の業務執行の決定は経営者に委ね、取締役会はその報告を受けて評価・監督する、というスタイルが主流となり、これに伴って社外取締役の複数選任が常態化しました。

　社外役員の属性としては、初期の段階は監査役を中心に弁護士や会計士といった専門資格者（財務・会計・法務などの専門家）が比較的多かった印象ですが、最近は取締役を中心に企業経営者の経験がより重視される傾向にあります。これは、経営現場での実戦体験を基にしたビビッドな助言を経営判断に活かしたい、ということなのでしょう。

　同時に、「一般株主」の目や声を意識した「独立役員」の役割（**Q28**）に光が当てられるようになっています。

③　**「決める」より「評価・監督する」へ**

　社外役員は、タコツボ型の組織（**Q13**）に社外（社会）の目や声を入れ、経営者に緊張感をもたらし、説明責任を意識させるという点では有意義ですが、社外役員が事業の実務に精通しているわけではありません。

　そのため、社外取締役は、「自ら主体的に決める人」というより「報告を聞いて質問・助言し、評価・監督する人」で、その立ち位置は、例えていうと、自らハンドルを握る運転手ではなく、助手席のナビゲーター。ただ、時に、運転手を交代させることもあります（監督）。

3　社外役員を入れれば不正が減り　業績が良くなるのか？

　以上、個人の実感を基に大雑把に素描しましたが、社外役員を増やせば不正が減ったり業績が良くなるのでしょうか？

　これについてはその効果を示す実証的データはなく、むしろ、ガバナンスの優等生とされた会社で不祥事が起きた例も珍しくありません。

　ではなぜ、そんなに社外役員を増やす必要があるのでしょうか？　直接的には、ガバナンスコードや機関投資家の影響力ですが、その根底にあるのは「社内だけではダメだ」「ダイバーシティ（多様性）＆インクルージョン（違いを呑み込む）」、つまり、「発想の多様性ある組織を」ということだと思われます。

　時代や社会を変えるのは「よそ者、若者、バカ者」といわれますが、VUCA（**注26-1**）に加えてコロナ禍という「非連続」の時代に、金太郎飴のような均質メンバーだけでは、変化を先んじて取り込むような新たな発想は出てきません。

　様々なバックグラウンドを持った人がいて、それぞれの多様な経験や知見を基に自由闊達に対話のできる組織こそ変化に対応できる勁い組織です。まったく属性の異なるメンバー（女性に限りません。若者、高齢者、外国人等）を入れ、混ぜこぜにすることで、「えっ？」「まさか！」「どうかなぁ？」「んー、それもあるか……」といった化学変化が生まれるのだと思います。

4 「社外役員は人のためならず」

「うちの取締役会は、毎月、株主総会を開いているようなもんだ」——これはある社長さんのコメントです。

社内の人になら当たり前にスッと通るはずのことが、社外がいると、思いもよらぬ質問を受け、いちいちその説明をしなければならないのは、経営者にとっては結構、面倒臭いことですが——もっとも、訊く側も、「つまらんこと訊くなよ」という周囲の冷ややかな視線を感じながら、役儀によりあれこれ問うのは、実は結構しんどいことでもあります——、半面、有益でもあります。

孤独な経営者（**Q 2**、**Q 33**）にとっては、自社の企業文化とは異質な人の智慧を借りることで、複眼的に経営を振り返ることができます。これはまさに「リーガルの視点」（**Q 1**）です。

また、そんな過程を経ることで、思考を練り上げ、確固たるものに磨き上げていくことができます。これは、厳しい反対尋問にさらされることで真相が見えてくる「訴訟」の構造とも通じるものだと思います。

そして、何よりも、社内だけじゃなく、社外も含めた客観的で多様な意見を反映する仕組み（カタチ）があり、そんなプロセスを適正に踏んだ決定であることが、いざというときに経営者の判断の正当性を支えてくれるはずです。

半六先生からのアドバイス！

■混ぜこぜが強い　外の血（知）を混ぜれば強くなる
■社外は人のためならず

（注26-1）前出（注2-2）参照。

143

Q27
Question

社外取締役と
社外監査役って、
一体、何が違うの
ですか？

A モニタリングという点では同じですが、社外取締役は取締役会の一員で取締役会の「中の人」なのに対し、社外監査役は取締役会の「外の人」です。その意味では、取締役から独立した「お目付け役」の色彩がより濃いものといえるでしょう。

--- 解　説 ---

1　監査役とは？

　「監査役」という機関は、明治26年施行の古い古い商法で導入されたわが国独自の制度です。「監査」という言葉を考案したのはドイツ人のお雇い外国人ヘルマン・ロエスエルで、「監査」は「事前の監督」と「事後の検査」の複合語だといわれています。

　事後の検査だけじゃなく事前の監督も含むとなると、監査役は、取締役とかなり似通っていますよね。とりわけ同じ「独立役員」（**Q28**）である独立社外監査役と独立社外取締役とは、具体的に何が違うのでしょう？　実際の取締役会の場でその違いを意識することはほとんどないように思います（座る場所が違う程度でしょうか。）。

　ただ、法制度上、監査役は、

・取締役からの独立性　──任期の長さ（4年で短縮不可）、選
　任・解任への同意といった独立性への配慮

・報告・調査に関する強力な権限　──子会社を含め、いつで
　も調査し、報告を求めることが可能

・独任制　──監査役の一人ひとりが独立の機関として独自に
　権限行使が可能

・監査報告の作成と、株主総会での報告

等といった強力な権限と手厚い身分保障が与えられています。

　これは「社外」監査役についても異なるところはありません
から、社外取締役と比べると、社外監査役は、取締役会からの
独立性が高く、様々な権能が付与された監視役、いわば経営陣
に対する「独立したお目付け役」といえるでしょう。

2　社外取締役

　これに対し、社外取締役は、他の取締役同様、ボード（取締役
会）のメンバー、つまり取締役会の「中の人」です。監査役のよ
うに独任制の機関ではなく、あくまでボードの一構成員にすぎ
ませんが、会社の「大本営」たる取締役会において1票の表決
権を持っています。

　このように、社外取締役は、モニタリング（経営者の働きぶ
りの評価・監督）を行いつつ、自らも経営者と共にマネジメン
ト（決定）に参画するという点が、社外監査役と大きく異なる
点です。

3　比喩的にいうと……

以上の両者の違いを比喩的にいうと、

・社外取締役は、運転席横の助手席にいて、自らハンドルを握るわけではないが、運転手の息づかいも感じながら運転に意見するナビゲーター
・社外監査役は、同じ車に乗っていても、後部座席にいて、運転状況を後方から見守りつつ、何かあればブレーキを踏み込める教習所の教官

というイメージでしょうか？（えっ、そんな車はない？……まぁ、確かにそうですね（苦笑））。

4　監査役は味方じゃなく、敵？

　余談ですが、ある会社で、事業部担当の取締役が退任後、監査役に就任したところ、かつての部下から、「○○さん、これからは敵になるんですね！」といわれたそうです。

　事業部の人から見ると、監査役って「敵」なんでしょうか……?!

半六先生からのアドバイス！
■社外取締役は、自らマネジメントに参画しつつ、
　モニタリングを行うマルチな立場

Q28
Uuestion

うちの独立社外役員は、よく「一般株主」というのですが、「一般株主」って誰のことですか?

A 「一般株主」とは、株主総会の場で質問や意見はいえても、それ以上に経営にコントロールを及ぼす手段を持ち合わせず、いったん投資した後は株価の上昇や配当に期待するしかない少数株主のことです。

──────── 解 説 ────────

1 独立役員

　最近、社外役員の複数選任が当たり前になっていますが（**Q 26**）、社外役員の中でも「独立役員」、とりわけ「独立社外取締役」に注目が集まっています。しかも、単に頭数をそろえればよいのではなく、「なぜその人なのか」について、会社の成長戦略を踏まえた「説明」が求められます。役員ごとの知見や強みを一覧にした「スキル・マトリクス」においても、重要なのは、その人が自社にどう貢献してくれるのか、の説明です。

　ここに「独立役員」とは、「社外役員の中から会社によって選ばれた一般株主の利益を代弁する係」のこととされています（**注 28-1**）。

147

2 一般株主

　では、「一般株主」とは一体、誰のことなんでしょうか？　実際、私もある社外役員から、「鳥山さんはよく『一般株主』っていいますけど、『一般株主』って、誰のことですか？」と訊かれたことがあります。

　ここに「一般株主」とは、支配株主や大株主でない株主、つまり、会社経営に有意な影響力を持ち得ない株主、換言すれば、総会の場で質問したり意見を述べることはできても、それ以上の手段を持ち合わせず、いったん投資（出資）した後は株価の上昇や配当に期待するしかない少数株主のことと解されます。

3 独立役員の存在意義

　そこで再び「独立役員」の話に戻りますと、独立役員の存在意義って、どこにあるのでしょうか。

　それは、支配株主や大株主からの独立性、つまり、前記のような、ある意味、無力な「一般株主」の気持ちや不満に思いを致し、その立場に立って経営者に疑問や意見を伝えることにあるのではないでしょうか。そのような視点は、日々の業務に追われる経営者は意外と忘れがちで（従業員と違って株主との接点は少ないためです。）、あらためてそこに光を当てて経営者の意識を喚起する点に、独立役員の重要な役割があると考えられます。

4 独立役員の行動指針

さらに一歩を進めて、独立役員は、その役割を果たすために、何を、どのように考えて行動すべきなのでしょうか。

Q25で見たとおり、株主主権は国民主権と似ていますよね。そこで、これをヒントに考えてみますと、国民主権では、選挙民によって選出された議員は、個々の選挙民の意見に縛られることなく、「何が選挙民の一般意思か」「何が公益にかなうか」を自分なりに一生懸命に考えて行動するという考え方がとられています。これになぞらえれば、独立役員は、Q1で見た「規範的思考」に基づいて、起きている現実を直視し、観照すると共に、

・何が一般株主の「意思」か、何が一般株主の「利益」つまり「株主共同の利益」にかなうか

・何が自社の持続的成長と企業価値向上につながるか

・少し視点を変えると、何が先人の目指した「企業理念」（Q11）をまっとうする道か

・何が自社の強みを活かして顧客の真の幸せに貢献し、ひいては「自利利他公私一如」の精神を実現することになるのか

を常に客観的立場から自問し、経営者との率直な対話を通じて「株主第一主義」と「公益資本主義」（Q30）を統合し、昇華させること──それを行動指針とすべきではないでしょうか。

半六先生からのアドバイス！

■「一般株主の目から見てどう見えるか」を意識する

（注28-1）神田秀樹監修／株式会社東京証券取引所編著『ハンドブック独立役員の実務』（2018年　商事法務）4頁。

Q29
Uuestion

ガバナンスコードは、違反するとどんなペナルティがあるのですか?

A　ガバナンスコードの本質は、コンプライ・オア・エクスプレイン――"もっと良いやり方があるならどうぞそれでやってください、ただし、より質の高い説明をしてください"というものです。そこで問われるのは「コンプライの在り方」と「エクスプレインの質」で、評価者は「株価」同様、市場です。「違反」に対する他律的なペナルティは想定されていません。

―――――――――― 解　説 ――――――――――

1　ガバナンスコードの威力

　私ごとながら、昭和・平成・令和と、結構長く企業法務に関わらせていただいて、世の中ずいぶん変わったなぁ、と痛感するのですが、その原動力の1つがコーポレートガバナンス・コードです（以下「CGコード」といいます。）。

　特に、社長の権力の源泉ともいうべき報酬と人事、後継者育成、さらに政策保有株式にまで踏み込んだことは大きいと思います。

2　ＣＧコードとは

　さて、このCGコードは、一体どういうもので、どこからきたものなのでしょうか?

　簡単におさらいすると、次のとおりです。

・アベノミクス第三の矢「『日本再興戦略』改訂2014—未来への挑戦—」の下で、OECDコーポレート・ガバナンス原則を参考に東京証券取引所が策定、2015年6月から適用開始

・その目的は、「健全な企業家精神の発揮を促し、会社の持続的な成長と中長期的な企業価値の向上を図る」こと

・その役割は、株主をはじめとするステークホルダーの立場を踏まえた上で、透明・公正かつ迅速・果断な意思決定を行うための実効的な仕組み(ベストプラクティス)を示すこと。つまり、軸足は「守りのガバナンス」より「攻めのガバナンス」

・「ルールベース」(細則主義)ではなく「プリンシプルベース」(原則主義)。具体的には、「基本原則」「原則」「補充原則」の3種、合計83の原則からなる

・その適用対象はすべての東証上場会社。上場会社は、CGコードの趣旨・精神を尊重してコーポレート・ガバナンスの充実に取り組むよう努めるものとされる(**注29-1**)

・3年ごとの定期的な見直しを予定し、直近では2021年6月に改訂(主な内容は、取締役会の機能発揮、中核人材の多様性、サステナビリティ等)

・個別事情を踏まえ、各社が実施を判断する(コンプライ・オア・エクスプレイン)——

要するに、CGコードは、企業の自主性・主体性と実務慣行を尊重しつつ、ESGやサスティナビリティといったグローバルな潮流も取り入れてベストプラクティスを提示するもので、わが国古来の「和魂洋才」の伝統に沿ったものといえるかもしれません。

　また、「今・ここ」にある現実を、より良い状態に変えていこうとする柔軟で開拓的な姿勢は、「規範的思考」（**Q 1、Q 2**）、「コンプライアンス」の考え方（**Q 9**）にも通じるものだと思います。

3　ＣＧコードへの取組み方（考え方）

　さて、CGコードは、そもそも法律ではありませんから、遵守する義務はなく、「違反」に対する法的なペナルティはありません。また、「オア」とあるとおり、コンプライ（遵守）とエクスプレイン（説明）は等価であり、コンプライが原則というわけでもありません。そこで問われるのは、コンプライの「在り方」とエクスプレインの「質」で、「違反」とか「ペナルティ」ということは想定されていません。CGコードで大事なことは、やらされ感のある「言い訳」ではなく、主体的な「説明」です。

　突然、降って湧いたコロナ禍は、各社が旧来から抱えていた潜在的な問題点をあぶり出しましたが、このような「非連続」な経営環境においてこそ、

・自社の「経営課題」が何で、「経営戦略」は何なのか
・自社はどこを目指し、どういう経路でそこへたどり着こうとしているのか
・つまり、どうやって社会に貢献し、稼いでいくのか

といった基本戦略を練り直し、経営者自らの言葉で自社の成長戦略・成長投資のストーリーをわかりやすく説明し、アピールしていくことが求められているように思います。ペナルティはなくても（ないからこそ）経営陣は自社の「意思」と「進むべき方向」を、ビジョンとロジックをもって明確に示さなければならないのです。示す相手は、まずは市場（株主・投資家）、そして従業員その他のステークホルダーです。

4 財務情報と非財務情報

そのために取締役の智慧と経験を持ち寄って進むべき方向を確認し、決定するのが「大本営」たる取締役会です。取締役会は、単に予算と実績、つまり過去の報告をするためだけに集まっているわけではありません。

「財務情報」ももちろん大事ですが、それは「現状」、つまり、現在位置にすぎません。より大事なのはそれを踏まえたその先の「未来」です。それは「目的」（企業理念）と「目標」（目的に到達するための指標）の2つです。「目標」は数値ですが（**Q15**）、「目的」は非財務情報、つまり言葉——レトリックです。

思うに、CGコードが求めるのは、収益力と資本効率を高めるための成長戦略、つまりは、経営陣の「考える力」（規範的思考力）と「言葉力」（レトリック）ではないでしょうか。どれだけ現場が素晴らしい仕事をし、また、中身のある経営をしていても、「他社横並び」の「ひな型丸写し」的な説明では「経営の意思」が見えず、株価も上がりません。

「男は黙って……」「目立たぬように、はしゃがぬように」「コ

ツコツまじめに働いてれば、お天道様が見てくれる」という「昭和の時代」から、平成の30年を経て、令和の時代は、各社の深い思考と創意工夫が試され、経営陣の説明力が一層問われる時代になっているように思われます。

半六先生からのアドバイス！

■CGコードは、大人の規律。ソフト・ローで柔らかく企業社会を変えていく

■言語以外のメッセージに依存する「察し」の文化から、数字と言語による「説明」が重視される低コンテキスト社会へ

■フェイス・ツー・フェイスの「対面情報」から、機械で読み込める「マシンリーダブルな情報」社会へ

■「なるほど、そういうことか！　さすが経営陣、先が見えている！」といわれるような戦略と説明を

（注29-1）上場規程445条の3（日本取引所グループ）

Q30

Uuestion

株主第一主義と公益資本主義 （ステークホルダー資本主義）は、どちらが正しいのですか？

A 議論の前提として、それが「解釈」論なのか、「経営」論または「立法」論なのかを確認してください。

―――――――――― **解 説** ――――――――――

1 「脱・株主第一主義」の動き

2019年8月、米国の経営者団体「ビジネス・ラウンドテーブル」が従来の「株主第一主義」を見直し、従業員や地域社会の利益を重視した事業運営に取り組む、という声明を発表しました。

これを受けて、わが国でも、「脱・株主第一主義」が強まっています。いわく、

・「株主第一主義」は、聖書に淵源を持つ英米を中心としたアングロサクソン系の考え方にすぎず、世界的に見れば決してグローバルスタンダードではない

・100年企業や200年企業はざらで、1,000年を超える長寿企業もあるわが国には、昔から「三方よし」という「公益資本主義」の考え方が根付いており、米国的な行き過ぎた株主第一主義

に追従すべきではない

　ここに「公益資本主義」とは、会社は「社会の公器」、株主だけのものではなく、従業員や顧客、取引先をはじめとしたステークホルダー全体（公益）のためのものだ、という考え方といってもよいでしょう。

　これについてはどのように考えればよいのでしょうか。

　議論の混乱を避けるためには、まず、それが現行法の「解釈」論なのか、「経営」論または「立法」論なのかを明確にした上で、「会社は誰のためのものか」と「会社は誰のものか」という２つの問いに分けて考えるとわかりやすいように思います。

2　会社は「誰のためのもの」か

　「公益資本主義」（ステークホルダー資本主義）は、「経営者は、株主だけでなく、従業員、顧客、取引先、地域社会といった様々なステークホルダー、さらには次世代の子どもたち、有限の地球環境・サスティナビリティといった公益にも配慮して経営を行うべきだ。」と主張します。

　確かに、経営者にそのような広い視野と高い志がなければ従業員も士気高く働いてくれないでしょう（**Q12〜Q14**）。その意味で、「経営」論としては、「公益資本主義」（ステークホルダー資本主義）が正しいと思います。実際、CGコードでもこのような考え方が採用されています（基本原則２）。

3　会社は「誰のもの」か

　では、会社は「誰のもの」でしょうか。この問いは「会社の所有者は誰か」というものです。会社を「所有する」という表現は違和感があるかもしれませんが、これは一種のフィクションで、要は、今の法律上、会社とはどういう仕組みで、最終的にそれを動かしている「主権者」は誰か、という問いです（**Q25**）。これに対する答えは「現行法上は株主だ」ということになりそうです。なぜなら、そもそも会社というのは「営利社団法人」、つまり多数の出資者が出したお金で事業を行い、稼いだお金を出資者に分配するための法制度であり、稼ぐために経営を託されたのが経営者、その経営者を選・解任するのは株主だからです（**注30-1**）。その意味で、現行会社法の目的は、出資者であり主権者である株主の利益の最大化を図ることにあり、従業員をはじめとしたステークホルダーの利益の最大化を図ることではありません。

4　従業員と株主の利益は一致する

　会社法の理屈上は以上のとおりですが、事業で稼ぎ、株主に配当するためには、従業員に士気高く働いてもらわなければなりません。従業員のやる気や使命感を高めることが企業の創造性や生産性を高めることになるからです。また、だからこそ、営利企業において倫理やコンプライアンスがうるさくいわれるわけです（**Q13**、**Q14**）。

　つまり、経営者が従業員の幸せを考え、公益にも配慮することが「よく稼ぐ」ことにつながり、それは同時に株主の利益につながりますから、結局、従業員と株主の利益は基本的に一致します。

　なお、例外的に、従業員の利益と株主の利益が相反すること

もあるのかもしれませんが（例えば、株主に配当する目的で経営者が従業員を大量にリストラしてコストカットする等）、私自身はそのような場面に出くわしたことはなく、また、そんな理（利）のない経営が許容されるとも思えません。

5　議論の立脚点を整理する

　以上をまとめますと、「公益資本主義」（ステークホルダー資本主義）が、現行法の解釈論として「会社はステークホルダーのものだ」と主張するのであれば誤りといわざるを得ませんが、おそらくそうではなく、「これからの会社制度はどうあるべきか」という立法論として、また、経営者の「モノの考え方」（経営論）として、提唱されているものと思われます。

　そして、私も、経営者の「モノの考え方」（経営論）としては公益資本主義の考え方に大賛成で（第1編、Ⅱ（コンプライアンス））、結局、「株主第一主義」と「公益資本主義」は何ら対立するものではなく、矛盾なく両立するものだと考えられます（**Q35**）。

半六先生からのアドバイス！

■解釈論と立法論、経営論を区別する

■従業員の幸せを考え、公益にも配慮することが「稼ぐ」ことにつながり、それは同時に株主の利益につながる

（注30-1）会社法第329条、第339条

Q31
Question

経営者はなぜ
従業員より高い報酬が
もらえるのですか？
従業員と一体、何が違うのですか？

A 企業価値の創造に責任を負っているのが経営者だからです。
法的にいえば、経営者が「中の人」なのに対し、従業員は「外の
人」です。

———————— **解 説** ————————

1 カルロス・ゴーン氏の巨額報酬

　名経営者としてもて囃されたカルロス・ゴーンさんも、刑事
被告人となって国外逃亡し、何とも後半の悪い人生となってし
まいましたね……。

　さて、このカルロス・ゴーンさんの役員報酬は年間約10億円
といわれています（ただし、これとは別に年10億円を退任後に
受け取る契約とされ、そこの開示が問題になりました。）。月額
で8,333万円。庶民感覚とはかけ離れていますが、それでもまだ
足りないと思ったのでしょうか……。際限のない欲望を引き起
こすのが「お金」というもので、「足るを知る」ことの大切さを
思い知らされます。

　それはともかく、なぜ経営者はかくも高額の報酬がもらえる

のでしょうか。

2　法的な観点から

　法的な目で見ると、取締役というのは、取締役会という「機関」のメンバーであり、会社の「中の人」であるのに対し、従業員は、経営者の指揮命令下に労務を提供し、労働時間に応じた給料を貰う「労働者」であり、（おそらく一般の感覚とはズレると思いますが）会社の「外の人」なのです。つまり、株主から託された目的を達成するために従業員を雇うのが「経営者」、雇われるのが「従業員」です。

　法的な観点から両者の違いをまとめると次のとおりです。

【取締役】 経営を担うプロフェッショナル	【従業員】 労働力を売るサラリーマン
・委任　成果　定年なし（内規次第）	・雇用　労働時間　定年あり
・受任者（信任関係）	・労働者（指揮命令関係）
・会社法（労基法の適用なし）	・労基法・労災補償法・労安法等の手厚い労働者保護法制
・裁量　善管注意義務　経営判断の原則	・指揮命令下に労務提供
・身分保障なし	・労働時間規制や解雇規制等 ・働き方改革
・成果型報酬にシフト ・退職慰労金は廃止の方向	・労基法による手厚い賃金保護 ・退職金あり（通常）
・誠実団交義務	・社会的弱者　労働三権　労働組合
・報酬1億円以上は個別開示（プライバシーなし） ・ハラスメント防止体制の整備義務	・プライバシー保護 ・ハラスメント規制による保護

労基法：労働基準法／労災補償法：労働者災害補償保険法／労安：労働安全衛生法

3　例えと現実

「航海」の例（**Q24**）でいうと、船の所有者が株主、航海を託された船長が経営者、航海を成功させるために雇われた船員が従業員です。

船長の手腕によって大嵐を乗り越え、沈没の危機を脱して金銀財宝をたんまりと持ち帰ってきてくれた、というのであれば、そして、船員もしっかりその分け前にあずかることができるのであれば、船長の報酬なんて安いものですが、なかなかそれが実感しづらい……。

そこが難しいところなんでしょうかねぇ……。

半六先生からのアドバイス！

■経営者とは、会社の価値創造に責任を負う「中の人」

■この世のモノは全部この世に置いていく

Q32
Question

取締役会の役割って
何ですか？
「取締役会全体の実
効性」って何ですか？

A 　取締役会は、いわば会社の「大本営」です。それは、顧客の
真の幸せに貢献して稼ぐという会社の「目的」を達成するた
めに進むべき方向を決め（マネジメント）、また、経営者の稼
ぎぶりを評価し、監督する（モニタリング）会議体です。「取
締役会全体の実効性」とは、その「目的」を取締役会が十分に
果たせているかどうかを評価し、改善していくことです。

———— 解　説 ————

1　なぜすべてを社長に一任しないのか

　有能な社長がいれば、その社長の責任ですべて判断してやっ
てもらうのが効率的だし、コスパもいいのでは？——そんな疑
問もあると思うのですが、会社法はなぜ、取締役会という会議
体の設置を求めるのでしょうか？（**注32-1**）

　それは、「衆智独裁」、つまり、戦国大名の評議のように、複数
の家臣団が智慧を出し合い、それを踏まえて最後に殿が決断し
た方がよい決断ができるし、間違いも少ない、という歴史の教

訓に学んだ実務の智慧だと思います。

2　取締役会とは

　そのため、次のようなことは、経営陣が参集した取締役会の合議によって決めなければなりません（**注32-2**）。

① 　業務執行の決定（マネジメント）：どうやって稼いでいくか

② 　職務執行の監督（モニタリング）：稼ぎぶりの評価・督励

③ 　代表取締役の選定・解職：誰にトップを託すか

④ 　内部統制システムの整備・運用：「抜け策」防止の仕組み

　　（ルール・組織・手続）づくりと見直し

　これらは結局、「人のために役に立つことをして稼ぐ」という会社本来の「目的」を実現するための「方策」（しっかり稼ぎ、経営者の暴走や不正を防ぐ手段）を協議・決定する、ということにほかなりません。

3　「取締役会全体の実効性評価」

　ところで、CGコードでは、取締役会が「取締役会全体としての実効性」に関する分析・評価を行うべきことを定めています（原則4−11）。ここでいう「取締役会全体としての実効性」って、一体、何でしょうか？

　「モニタリング・モデル」が進むと、"決めるための場"は取締役会とは別に開催され、取締役会は次第に"社外役員向けの説明会"の観を呈するようになります。

　その結果、「取締役会全体としての実効性」は、社外役員に向

けて資料が事前に配布されているか、当日の説明が適切かといった形式面に重点が置かれがちです。

それはそれで有意義なことだと思うのですが、大事なことは、前記の「目的」との関係で、取締役会が期待された役割を果たせているかどうか、です。

それは、経営陣幹部から提案された議案を鵜呑みにするのではなく、経営のプロの参集する「大本営」として、前記のような「目的」の下に議案のインテリジェンスをさらに「上書き」する議論ができているかどうか、ということであり、CGコードの表現によれば、「会社の持続的成長と中長期的な企業価値の向上を促し、収益力・資本効率等の改善」を図るという「目的」の実現に寄与できているかどうか、を評価し、改善することにほかなりません。そして、この「改善」にはトップを入れ替えることも含まれているのです。

半六先生からのアドバイス！
■目的があって手段がある
■すべての第1条は「目的」。何事も目的に照らして「手段」の実効性を考える

(注32-1) ここでは公開会社を前提としています。非公開会社（株式譲渡制限会社）では、社長一人の機関構成も可能です。会社法第327条【取締役会等の設置義務等】
(注32-2) 会社法第362条【取締役会の権限等】

Q33
Question

なぜ経営者は、株主総会に
そんなに力を入れる必要が
あるのですか?

A 　経営陣を選ぶ会議だからです。また、経営者にとっては、
以後も自信を持って経営にあたるためです。

─────── **解　説** ───────

1　総会リハーサル

　「総会で失敗すると、どうにもならん」──これはある経営者
のお言葉です。

　経営陣の入れ替えが争われるプロキシーファイト（委任状争
奪戦）は、いわば経営陣のクビをかけた戦いですから、入念な
準備を行うのは当たり前です。

　しかし、前記発言は、そんな「荒れる総会」ではなく、ある意味、
平穏無事のシャンシャン総会が想定される中、本番に向け、原
稿を何度も推敲し、その読み込みを繰り返される姿に、なぜそ
こまでやるのですか?　とお尋ねした際のお答えです。

　私は、恥ずかしながら多くの失敗を性懲りもなく繰り返して
きましたが、株主から経営を託され、従業員の先頭に立って率先
垂範する、「会社の顔」ともいうべき社長さんは、日々、様々なプ
レッシャーを受けながら、経営目標の必達に取り組んでいます。

そんな社長さんにとって、年に１度の株主総会を、適法・適式で株主満足度の高い「良い総会」とすることは当然ですが、それだけではまだ不十分です。総会は完璧に行って当たり前、万に１つでも失敗をしてしまうと、それがちょっとしたトラウマとなって、以後、自信を持って経営に取り組めなくなる、だから、瑣末なひっかかりも含め一切の禍根を残さないために、一見臆病とも見えるほど細心の注意を払い、徹底的に準備して臨む必要がある、ということなのではないでしょうか。トップの孤独と重圧を感じる一言でした。

　余談ですが、現役を退かれ、重圧から解放されたトップのお顔が、あまりにも柔和に、劇的に変化していたため、お会いしながら本人と気づけなかったこともありました……。

2　説明義務

　しかしこれは、何も社長さんに限ったことではなく、役員さんにおいても同様です。

　役員さんは、一般株主の質問に対し説明義務を果たさなければなりません。説明の際の些細なミスや、ミスとまではいえなくても「こういえばよかった……」という、ちょっとした後悔を抱えると、それが心に引っかかり、いまひとつ業務に集中できなくなる、といったこともあるのではないかと想像します。

3　やり直しの利かない一発勝負

　株主総会というのは、日々の日常業務とは異質です。

　従業員と違って普段あまり接することのない（その意味では気心の知れない）多くの株主さんが集まり、しかも、独特の「会議のルール」（議事整理、議場の秩序維持、説明義務、動議の処理、質疑打切りと決議のタイミング、決議取消事由等）に支配された特別な会議であり、誰から何を訊かれるかわからないというプレッシャーもあります。

　そんな中で、「やり直しの利かない一発勝負」に臨む重圧は相当なものだと思います。だからこそ、会社は、おもてなしの心で株主さんを迎え、社員総出で社長を支え（総会後、ヒナ段の緞帳の向こうにこんなに多くの従業員が待機していたのか、と驚いたことがあります。）、手順を確認し、呼吸を合わせるためのリハーサルも必要となるのです。そしてまた、議長のサポート役として、顧問弁護士を含めた事務局に大切な役割が期待されるわけです。

4　無事これ名馬

　それだけ綿密に準備をして臨んだにもかかわらず、総会当日、何の質問もないこともあり、「1つくらい質問や意見があってもいいのに……」と思うこともないではありません。

　しかし、それは傍観者の感想で、総会を主宰し会社経営に一切の責任を負う経営者からすれば、「無事が何より」ということなのかもしれません。

5　平気で生きる

　……と、ここまで書いてきて気づいたことですが、「一発勝負」って、何も株主総会に限ったことではありませんよね。人生ってすべてやり直しの利かない一発勝負なんですよね……。失敗の多い人生を歩んできた私としては、あらためてそう思い至ると共に、「如何なる場合にも平気で生きて居る」（正岡子規）という言葉を思い出した次第です。

半六先生からのアドバイス！

■株主総会も人生も「一発勝負」。失敗しても「ワンモアチャンス」はない

■だから、何事も、これ以上できないというくらいの準備をして臨む。それが経営者

■時処位の自己限定　今、ここで自分に与えられた役割を存分に果たす

■「一職を得れば一職、一官を拝すれば一官。心頭を離れず、ひたすらにそれをつとめしのみ。他に出世の秘訣なるものはあらず」（豊臣秀吉）

Q34

Uuestion

最近、「資本○○」という
言葉をよく聞くようになり
ましたが、これはどういう
ものですか？

A 「資本」という語は、新約聖書の「タラントの例え」に由来
する「タレント」(才能) を含意しています。プライム市場に
上場する企業は、そんな聖書の投資観や企業観を理解してお
く必要がありそうです。

―――――――――― **解 説** ――――――――――

1 「資本」の意味

CGコードもそうですが、最近、「資本○○」という言葉をよ
く聞くようになったと思いませんか？

例えば、海外のアクティビスト (モノ言う株主) が「資本効率」
「資本政策」「資本コスト」の改善を求め、株主提案権を行使し、
遂にはプロキシーファイト (委任状争奪戦) に持ち込まれる、
などです。

この「資本」という言葉、何となくわかったようでよくわか
らない言葉で、つい曖昧なまま聞き流しがちですが、思考は言
葉、言葉は思考ですから、その淵源を押さえておくことも有益
と思われます。

2 「タラントの例え」

新約聖書のマタイ伝に「タラントの例え」というのがあります。これは、次のような寓話です。

主人が三人の召使に、応分のタラント（金貨）を託して遠方に出かけた。帰ってきたとき、それを使って儲け、倍にしていた召使を褒める一方、失くさないよう地中に埋めていた召使を叱りつけ、タラントを取り上げて他の召使に与えた。

——これは一体、何をいわんとしているのでしょうか？

聖書にはその解説は書かれていませんが、「タラント」とは、当時のお金の単位で、かなり大きな額のようです。タラントは「タレント」の語源で、「才能」を含意しています。つまり、この寓話のいわんとするところは、能力に応じ神から与えられた各人の才能を地中に埋めるようなことをしてはならない、それは使えば使うほど磨かれる、だから、しっかりと使い、活かしきりなさい、ということのようです。

ここに、遠い遠い昔から千年にわたって書き継がれ、今日まで受け継がれてきた聖書の世界の考え方の一端が示されています。投資観でいうと、「寝かせるな、働かせよ」「死に金にするな、生き金にせよ」という成長投資の考え方だと思われます。

3 日本人の投資観と貯蓄観

「欧米企業は投資家が育て、日本企業は消費者が育てた」といわれますが、日本人の考え方は、この聖書の投資観とはかなり違います。それは、いざというときに備え、蓄えておく「堅実な

貯蓄志向」であり、「どう使うか」より「どれだけ備え蓄えたか」が重視されます。それは、収穫物を蓄える農耕民族の考え方なのかもしれません。

4　欧米的な投資観と経営（者）観

このような貯蓄志向は、聖書の考え方からすれば、過剰なまでの安全志向と見えるのでしょう。「蓄える」こと（現状維持）は地中に埋めることであり、「倍にして引き継ぐ」ことこそが受託者のミッションだと考えるからです。それは、「チャレンジングな投資志向」であり、経営を託された経営者は、その任期中、資金を寝かせることなく活用し、エンドレスに利潤を上げ続けなければならないのです。その責任は非常に重く、そのゆえに高い報酬（**Q31**）が正当化されるのです。

5　プライム市場の企業

この寓話に、昔むかし、大学時代に聞き齧った「プロテスタンティズムの倫理と資本主義の精神」（**注34-1**）という講座名を思い出しました（中身は思い出せません……。苦笑）。

世界市場で戦い、グローバル市場の投資家との建設的な対話を目指す「プライム市場」に上場する企業は、このような、日本人とはまったく異なる、狩猟民族的な（？）聖書の投資観・経営（者）観も理解した上で、資本コストや資本効率の課題に取り組んでいく必要があるように思われます。

半六先生からのアドバイス！

■貯蓄から投資へ。日本人は消費者としてはうるさいが、投資家としては緩すぎる

■「コツコツまじめに働いてれば、お天道様が見てくれてる」——そのとおりだと思うが、それだけでよいか？

■Eat what you kill（ぶら下がるな　食い扶持は自分で稼げ）

■株主が経営者を選ぶのであって、経営者が株主を選ぶのではない。グローバル市場で選ばれる経営を

（注34-1）ドイツの社会学者であるマックス・ウェーバー（1864年〜1920年）の著作。

Q35 Question

なぜ経営者は株価を上げないといけないのですか？

A 　株主から企業価値向上を負託されたのが経営者だからです。

——————— 解　説 ———————

1　「株価のことは市場に聞いてくれ」

　——株主総会で株価のことを訊かれたとき、昔は、そう答えるのが定番でした。

　でも、今、そんな答弁をすると、「経営者の自覚があるのか！」とお叱りを受けちゃいますね。何しろ、自社株の保有数が少ないと株主から指摘を受ける時代ですから……。

　ただ、そうはいっても、理屈上、株価は市場で決まるもので、経営者が直接的にとやかくできるものではありません（そんなことをすれば、相場操縦を疑われかねません……。）。経営者にできることは、株価を上げる努力をすることだけです。

　ではそもそもなぜ、経営者は株価を上げる努力をしなければならないのでしょうか？

　これに対しては、

・増資等の資金調達上、有利だから

・「PBR」(**注35-1**) を上げて買収を防ぐため

・株式報酬やストックオプション等、経営者のインセンティブ（やる気）を創出するため

といった答えも考えられますが、これらは株価を上げることの「効果」や「メリット」にすぎず、「目的」ではなさそうです。

　この問いに対する私の答えは、「それが経営者のミッションだから」というものです。

2　経営者のミッションは　　内部留保を蓄えることか

　さて、経営者のミッションとは何でしょうか？

　「前年度を上回る売上と利益を上げることだ、そして、内部留保を厚くして万一の事態に備えることだ」と答えられる経営者の方も多いのではないでしょうか（**Q34**）。特に、過去、苦境に陥り大規模なリストラを余儀なくされた経験を持つ経営者ほど、二度とそのような事態に陥らないよう、また、万一そうなっても従業員のクビを切らずに済むよう、内部留保を増やそうとします。

　そのような観点からすると、会社から多額のキャッシュ（現金）が流出する配当は「もったいない」と感じ、何とか配当の額を減らせないか、と考えがちです。

　これは「従業員」目線で見ると、優れた経営者ということになるかもしれませんが、「株主」目線で見るとどうでしょうか。

3　法的に見た経営者のミッション

法的に見ると、会社というのは、ある目的を達成するためにつくられた「機能体」です。その目的とは「営利」、すなわち、しっかり儲けて利益を上げ、それを出資者たる株主に配当することです。その目的のために株主が出資して設立した法人が会社であり（**Q24**の航海の例をご参照ください。）、会社は決して従業員の幸せを目的としてつくられた「共同体」ではありません。

経営者は、営利のため株主から経営を託された受託者ですから、経営者のミッションは株主の利益を最大化することにあります。

法的には以上のような整理になります。

4　株主目線で見た株主の利益

では、「株主の利益」とは何でしょうか？

一口に株主といっても様々です。売却益をねらう短期志向の株主もいれば、中長期的に安定した配当や株価上昇を期待する株主もいて、十把一絡げには論じられません。

実際、株主が何を求めているのかは、プロキシーファイト（委任状争奪戦）でよく問題になるところで、買収側と現経営陣のそれぞれが株主を味方に付けようと競い合いますが、結局のところ、個々の株主が何を求めているのかは自明でありません。

ただ、株主総会での現場実感からすると、多くの株主が求めるのは、経済的利益、すなわち、①配当の多さ、②株価の上昇（買値より高く売って儲けられるチャンス）、③株主優待制度の3つではないかと思われます（**注35-2**）。

5 中長期的企業価値の向上

　株主にとって配当が多ければ多いほどよいのは当たり前ですが、一時的・瞬間的にたくさん貰えればそれでよいのか、長期にわたって安定的にたくさん貰いたいのか、はたまたその両方（？）なのか、個々の株主の意向はバラバラです。それゆえ、経営者としては、そこに拘泥するより、通常の一般的な株主が求めるであろう「中長期的企業価値の向上」、つまり、（目先の短期的利益ではなく）長い目で見てトータルとしての株主の利益の最大化に努めるのがその基本的なミッションだと考えて行動すべきものと思われます。

6 企業価値の指標が「株価」

　そして、会社の企業価値は、将来の成長に対する期待も含め、すべてが「株価」に織り込まれています。つまり、会社の価値はすべて株価に反映されている、というのが資本主義における株式市場の大前提です。それはフィクションかもしれませんが、そこを疑ってもしょうがありません。

　そうだとすれば、経営者は、「株価こそがわが社の商品・わが社の値段、だから株価を上げる、時価総額（発行済株式総数×株価）を上げる」と考えて行動すべきなのではないでしょうか。

7 従業員への期待

　そして、会社の中長期的企業価値を向上させ株価を上げるた

めには、経営者が「稼ぐ仕組み」を整え、「レトリック」を磨いた上で（**Q29**）、従業員のみなさんに士気高く働いてもらい、しっかり稼いでもらわなければなりません。

「よく稼ぐ」ために必須なのが企業コンプライアンスであり、経営者の務めは、**Q13**で見たとおり、頑張った者が報われるフェアで透明な職場にすることです。

すなわち、

・何でも自由にモノが言え、言いたいことを言っても居づらくならない（いわゆる心理的安全性）
・上司に信頼や尊敬の念を持てる
・その組織の一員であることに「誇り」が持てる
・究極的には職場で一緒に働く人たちが好きになれる

といった環境づくりに配慮することが結局、「よく稼ぐ」ことにつながるのだと考えられます。

要するに、経営者がコンプライアンスを高め、従業員に士気高く働いてもらうことで、よく稼ぐことができ、そうすれば、株価も上がり（はず？）、株主に対し、より多くの配当をすることができる、ということだと考えられます。

8　会社とは何か？　〜株主と従業員の関係

以上のことを、「会社とは何か？」という観点から考えてみると、会社というのは、

・法的な仕組みとしては、株主が所有者（主権者）であり、従業員の幸せを目的とした共同体ではない
・しかし、経営として見ると、従業員の幸せを目指さない限り

「よく稼ぐ」ことができず、株主利益最大化という会社本来の
　目的も達成できない

ということになりそうです。

　何だか、ぐるぐる回ってきたような印象ですが、結局のところ、
子どものころ読んでもらった昔話、"幸せは遠くにあるものでは
なく、ごく身近にあるものなのだ"という「ねずみの嫁入り」と何
となく似ているような気がしますが、どうでしょうか……？

半六先生からのアドバイス！

■経営者のミッションは、会社を就任時より良い状
　態にして（＝企業価値を上げ、株価を上げ、従業
　員を幸せして）次代に引き継ぐこと

■幸せは目の前にある。すでにそこにある。それに
　気づけるかどうか

（注35-1）Price Book-value Ratio（株価純資産倍率）が1倍を割っている会社は
　　　　割安で、外資等にねらわれやすいとされています。

（注35-2）①と②の指標にTSR（Total Shareholder Return）があります。その計算
　　　　方法は次のとおりです。
　　　　TSR（％）＝（1株当たりの配当額＋株価の上昇額）÷当初株価×100

I

平時

Q36 ~ Q39

Q36
Uuestion

社内不正を防ぐには
どうすれば
よいのですか?

A 　**対策は次の5つです。①悪意者のアクセスを制限すること、②犯行をしにくくすること（以上は、「物理的な」対策）、③バレると思わせること、④言い訳を封じること（以上は、「心理的な」対策）、そして、⑤公正で透明性の高い、信頼し合える職場にし、会社への不満や恨みを減らすこと（Q13）です。**

──────────── 解　説 ────────────

1　行動心理学

　サイバー攻撃やランサムウェア（身代金要求型のコンピュータウイルス）、機密情報の漏えい、オレオレ詐欺……。

　世の中にはいろんな不正がありますが、それら不正を行うのは、結局は「人」です。だから、不正の対策は、「その人」の身（心）になって考えることで、まずは物理的に不正をやりにくくする、そして、心理的に不正はバレると思わせることが重要です。

　これは、例えば、「情報」という目に見えない会社資産を守りたい、という場合、逆の立場に立って、つまり、こっそり持ち出そうとする人の気持ちになって考えると対策が見えてくるのと同じです。

「心理的な対策」とは、例えば、会議で配る資料に大きく「マル秘」「厳秘」などのハンコを押す、資料にナンバリング（記番号）を付して誰に配布したかわかるようにし、その旨を告知する、閲覧後にすべての資料を回収すると告知し、実行する、などで、要するに、「あっ、この会社はホンキで情報を管理しようとしている！」と思わせることです。

これだけで100％不正を防止することはムリですが、「物理的な対策」と併用することで効果は高まるはずです。

その気になれば簡単に実行できることですので、行動心理学なども参考にぜひ応用してみてください。

2　秘密情報の保護ハンドブック

不正防止には犯罪学の知見に学ぶことも有益です。

目に見えない情報の保護について、これを平易かつコンパクトに整理してくれているのが、経産省知的財産政策室発行の「秘密情報の保護ハンドブック～企業価値向上に向けて～」（**注36-1**）で、冒頭の５点はこれを参考にさせていただいたものです。ぜひ、これを応用して、不正防止にお役立てください。

半六先生からのアドバイス！

■地下鉄の落書きを消すことで「ここは管理された場所だ」と思わせ、凶悪犯罪を抑止する（**注36-2**）

（注36-1）平成28年2月公表（最終改訂：令和4年5月）
（注36-2）注12-4、ブロークンウインドウ理論を参照。

Q37
Uuestion

大きな損害賠償リスクを
抱えた経営判断に臨んで、
経営者が意識しておく
べきことは何ですか？

A 「経営判断の原則」です。

―――――――――― 解　説 ――――――――――

1　チャンスとリスク

　「10やって、1つ2つも当たれば御の字」――これは、ある社長さんからお聞きした言葉です。『一勝九敗』という著名経営者の本もあるように、ビジネスでは、成功より失敗の確率の方がはるかに高いようです。

　でも、というか、だからこそ、なのか、リスクをとってチャレンジしないと、せっかくのチャンスも活かせません。そこで思い出すのが、ある社長さんの「喝！」です。――「できない理由はもういい、どうしたらできるのか、それを考えてくれよ!!」

2　経営判断の原則

　では、チャンスが巡ってきたときには、どう考え、どう行動すべきでしょうか？

「千載一遇のチャンスだと思うが、もし失敗したらとんでもない損失が発生するかもしれない……」——周囲の誰もが反対する孤立無援の中、あえて火中の栗を拾いにいく、そんなヒリヒリする投資判断をする場合、一体、何を行動指針とすればよいのでしょうか？

そんなときに意識しておくべきなのが「経営判断の原則」です。下級審裁判例によって蓄積され、最高裁も認めるこの準則に従って行動することで（いわば、裁判所の採点基準を知って正しく振る舞うことで）、一見、蛮勇にも見える果敢な決断に自信を持つことができます。

その詳細については次の**Q38**をご参照ください。

3 13兆3,210億円判決の影響

ただ、1つご留意いただきたいのは、この原則に関しては、2022年に重要な判決が出ていることです。

それは、東京電力福島第一原子力発電所事故に関する民事判決です。国の地震予測「長期評価」によればあの津波は予見可能だったのか？ それとも、想定を超えるもので予見不可能だったのか？ ——取締役の任務懈怠（予見可能性）が争われた株主代表訴訟で、東京地裁は、旧経営者に対し、13兆3,210億円という天文学的な額の損害賠償を命じました（**注37-1**）。

この判決は、（株主の利害にとどまらず）「みんな」の生命・身体等に関わる事業において専門的知見が必要な場面の経営判断について、従来の裁判所の考え方を修正し経営者の裁量を制限するかのようにも見え、今後の判断を注視しておく必要があります。

半六先生からのアドバイス！

■「やってみなはれ。やらな　わからしまへんで」（サントリー創業者　鳥井信治郎）

■社長が聞きたいのは、「できない理由」ではなく、「どうしたらできるか」──グレイゾーンを内側にしていく智慧と工夫を

■「未知」と「組織運営不良」は紙一重。不作為より作為、為すべきことを為す

（注37-1）東京地判令和4年7月13日（控訴審係属中）

Q38
Question

「経営判断の原則」って
何ですか?
それは誰のための
原則なのですか?

A 経営者の善管注意義務違反を判断するための裁判官のルールです。それは、裁判官の判断基準ですが、経営者も絶対に知っておくべきものです。

————— 解 説 —————

1 地位や肩書が通用しないのが司法の世界

　「今から○○○を逮捕します。」——政界の元最高実力者を呼び捨てにする冷ややかな声に身がすくんだ、という政治家（当時の議院運営委員会委員長）の述懐を読んだことがありますが、司法の世界では、一国の首相や最高実力者でも特別扱いされることはありません。また、そうでなければ「法の支配」に対する国民の信頼は保てないでしょう。

2 その例外が「経営判断の原則」

　しかし、そんな司法の世界でも「経営者の常識」は例外的に

185

最大限尊重されます。それが「経営判断の原則」です。これは、聖職者や医師、弁護士といった古典的３大プロフェッションにも認められていない、経営者だけの特別ルールです。

ここに「経営判断の原則」とは、経営者の経営判断については、"その決定の過程、内容が著しく不合理でない限り、善管注意義務に違反するものではない"とする準則です。極端な言い方をすれば、経営判断は、ギリギリのところでは「著しく不合理」でさえなければよく、「合理的」でなくても構わないのです。

これはなぜでしょうか？

一言でいうと、株主から経営を託された経営者と法律家（裁判官）の違い（**Ｑ１、Ｑ２**）に由来します。

それは、先例のない未知・未開の領域で果敢に挑戦した経営者の決断を、書斎的環境にある裁判官が、実際の結果を知った上で、「あなたはあのとき、こうすべきであった」などと判断すべきではない、安全運転だけではイノベーションが生まれないのだから、フォワードルッキングな経営者の判断を最大限尊重することこそ、大きく稼ぐことを求めた株主の意思にかなうのだ、という考え方です。

3　フィギュアスケートと同じ

もし、重大な決断のその時点で、経営者に「その決断は本当に正しいのですか？」と問えば、大半は、「そう信じているが、やってみないとわからない」と答えるのではないでしょうか。

そんな場面において経営者としてなすべきことは、フィギュアスケートのように、採点者側の判断基準をよく理解した上で、

その基準に沿って正しく演技することです。それは結局、その判断の「過程」と「内容」が当該状況下において何ゆえ「著しく不合理」でないといえるのか、それを理と証拠に基づいて説明できるということです。そして、それが説明できるのであれば果断な決断も何ら恐れる必要はありません（**Q 4**）。

4　チェックポイント

　経営判断の原則のイメージをつかんでいただくためにいくつか具体例を列挙すると、例えば次のようなことです。

①　過程

- 悪い情報を隠して経営陣の判断を誤らせていないか──ワーストシナリオもきちんと提示されているか
- 「審議の過程」を経たinformed-judgement（十分な情報に基礎付けられた判断）となっているか──「鶴の一声」や単なる直感によって決めていないか
- 他のシナリオも検討しているか──プランＡだけでなく、プランＢ、Ｃも検討しているか
- 提案プランについて、利害得失（メリット・デメリット、いわゆるプロコン：Pros & Cons）は比較検討されているか
- 専門的な知見が必要な場合は専門家の意見を徴しているか
- 社内の手続や決裁ルールは遵守しているか

②　内容

- 事情を知らない外部の人が見ても「それなりに」納得できるものになっているか
- いつ、どこで、誰に見られても恥ずかしくないものか

・結論は「企業理念」に紐付けて矛盾なく説明できるものになっているか

　以上は、実務的に気になる点を挙げてみたものですが（**注38-1**。なお、文末のアドバイス「取締役会の六省」もご参照ください。）、「これらすべてを満たさないとダメ、満たせば大丈夫」というものではありません。念のため。

5　議事録に詳細な数値を記載すべきか

　余談ですが、「数字」（定量分析）の詳細を取締役会議事録に具体的に記載すべきでしょうか。

　後から見たときに数字が不正確だとかえって審議の信頼性が疑われるので具体的数字は明記しない、という考え方もあるかもしれません。

　議事録は、「議事の経過の要領とその結果」がわかれば足り、常に詳細な数字が必要というわけではありませんが、数字が取締役会の審議のポイントである場合は書かざるを得ませんよね。その場合はあるがままに記載するほかなく、仮にそれが後から考えると間違っていたとしても、その数字にそれなりの根拠があり、その時点でそれに依拠したことに一応納得できる理由があれば、それでよいのではないでしょうか。

6　「経営判断の原則」の適用がない場合

　さて、「経営判断の原則」を考える上で重要なことは、この原則は常に適用されるわけではないということ、つまり、場合によっ

てはこの特別ルールが適用されない場合がある、ということです。

具体的には、次の3つです。

① 「具体的法令違反」があるとき

　経営判断といえども、違法行為が許されないことは当然です。違法行為を許容する選択肢は、誰にもないからです。

② 「経営判断」をしていないとき

　チャレンジをせず、単に放置・静観・棚上げ・先送りをしているにすぎない場合は、そもそもチャレンジしていないのですから、その判断を尊重する理由がありません。

③ 「利益相反」(個人的利害関係)があるとき

　経営者の判断が「会社のため」に真摯になされてこそそれを尊重する意味がありますが、自己または第三者の利益を図っているような場合(利益相反)はそれを尊重する理由がありません。

　その意味では、「その動機善なりや　私心なかりしか」(稲盛和夫氏)と自問することが重要です。

半六先生からのアドバイス！

■【取締役会の六省（注38-2）】

　①会議資料はあるか

　②審議のプロセスは尽くしたか

　③結論は一般にも説明できるものか

　④社外役員の意見は聞いたか（「社外の目」「一般株主」の視点）

　⑤監査役の意見に耳を傾けたか（「適法性」の視点）

⑥記録は残したか

■「鶴の一声」や「審議した形跡もない」は要注意

(注38-1) 本文で述べたもののほか、実務的には、①決議事項か報告事項かの別は明確になっているか、②決議事項の場合、そもそもの大前提として、一体「何を」決議するのか、決議事項は明確になっているか（そこがぼんやりしていて、具体的に特定されていない場合があります。）、③議案は社内の各部門で十分に揉み、練り上げられたインテリジェンスになっているか（単なる事実経過の羅列や問題提起にとどまっている場合があります。）という辺りも検討課題と思われます。

(注38-2) 私が座右の銘とさせていただいている海軍兵学校の訓戒「五省」をもじって「六省」としたものです。

Q39

Uuestion

取締役会を無事に通したいと考えることは間違いですか？

A 動機としては間違っていませんが、取締役会を無事に通したいと思うあまり、本来、提供すべき情報を出さないとすれば、それは問題です。

—————— 解　説 ——————

1　インフォメーションの羅列より インテリジェンスを

　取締役会は、取締役が衆智を持ち寄って会社の進むべき方向を確認し、決定する「大本営」ですから、経営陣幹部は、その前提となる社内の情報を集め、様々な交差光線を当てて検証し、知識（インフォメーション）を智慧（インテリジェンス）にまで高めたものを提供しなければなりません。それを基に、さらに取締役が、会社にとって「全体最適」となるよう、そのインテリジェンスを上書きしていくのが取締役会だからです。

　しかし、中には、単なる現象や事実経過の羅列だけで、何の分析も示されていないものもあります。

　審議に必要なのは、起きている現実と問題の所在（課題の抉り出し）、対策（選択肢）とそれぞれのメリット・デメリット、

そして、いつまでに、何をやるのかというタイムテーブルです。取締役会は、単なる社内会議ではなく「大本営」なのだ、ということを意識し、有象無象の一次情報（インフォメーション）ではなく、自分たちの頭でしっかりと考え、分析した二次情報（インテリジェンス）を提供したいものです。

なお、専門家の意見書をもらう場合は、「問い」の立て方が非常に重要です。問いがズレていると、いかに権威のある専門家の意見であっても、ズレた見解になりかねません。したがって、依頼する前に、まず「問いの立て方がこれでよいのか？」と十分に吟味いただければと思います。

2　バッドニュース・ファ（ー）スト（first/fast）

また、経営陣幹部は、不都合な真実を糊塗したり、根拠のない楽観的な数字を示すのではなく、悪い情報も含めてきちんと正確な情報を上げなければなりません。

その意味では、グッドニュース（朗報）より「バッドニュース・ファ（ー）スト」（first/fast）、「良くない情報を先に・速く」が基本で、ヘッズアップ（早めに伝えておく）ことが重要です。

3　誰の立場で考えるか

取締役が事業部門のトップである場合、当該事業部門の立場から、取締役会を通せないことは「恥」だと考え、自部門にマイナスの情報（前提となる事実や経緯）をネグってしまうこともあるかもしれません。

しかしこれでは現実に根差した議論とならず、会社の判断を

誤らせかねません。

　取締役会は、大所高所から経営陣としての最後の決断を下す「大本営」ですから、事業部門の利益にとらわれた「部分最適」ではなく、正しい情報に基づいた「全体最適」を目指さなければなりません。

半六先生からのアドバイス！

■欲しいのは有象無象のインフォメーションではなく、ひと手間をかけて分析・精選されたインテリジェンス

■経営陣幹部が「執行」の立場から精選したインテリジェンスを、「経営」の立場からさらに上書きするのが取締役会

■経営は台風の進路を占うようなもの。予想シナリオだけでなく、予想外を想定した最悪シナリオも

Ⅱ

有時

Q40 ～ Q44

Q40
Uuestion

いざという有事に
行動を誤らないためには、
何を拠り所にすれば
よいのですか？

A 「企業理念」です。ただ、有事には、それを動作に落とし込んだ「手順書」（マニュアル）が不可欠です。

解　説

1　有事にやりがちなこと

　人間は、予期せぬことが起きると、狼狽し（関西弁でいうと「ウロがくる」）、つい「何で？」「どうして？」と原因を考えてしまいがちです。人間というのは「意味」を求める動物だからです。

　しかし、有事に必要なのは「対策」であり「行動」です。

　もちろん原因がわからないと根本的な対策は立てられないのですが、何はともあれ「とりあえず」しなければならないことがあるはずです。とっさの有事には、そんなプリミティブ（根本的）なことすら失念し、場当たり的に、思いつくままに行動しがちです。

　実際、火事に驚き、「何でこんなものを持ち出したんだろう？」という話はよく聞きますよね。

2　ルーティン化する

　そこで、有事には余計なことを考えてパニックを深めないよう、「最低限、何をするか」を動作に落とし込んだ手順書（マニュアル）を用意しておくのが有用だと思います。なすべきことをあらかじめ具体的にリストアップしておくのです。例えば、「第1に、〇〇に報告する」「第2に、〇〇に対し〇〇会議を招集する」といった具合です。有事のその場で考えていては間に合いませんから、平時にあらかじめ決めておくのです。

　これは簡単にいうと、「ルーティーン化する」ということです。例えば、現役当時のイチロー選手が打席に入る前、いつも同じ動作をすることで、緊張した場面でも普段どおりに行動できるようにしていたのと同様です（これは、ゴルフも一緒ですね！）。

3　平時の備え

　日々の仕事というのは、「有事のための準備」といってもよいかもしれません。日ごろから、「有事に絶対にしなければならない最低限のこと」を考え、書き出し、ヌケ・モレを確認しておくこと、多角的に「問い」を立てて自問自答すること、つまり、複眼的・懐疑的に思考し、シミュレーション（予行演習）を繰り返すのです。

4　有事には「マニュアル人間」に徹すること

　そして、有事の初動は、余計なことは考えずに、書かれた内容をそのまま実行することに「全集中」するのです。

もちろん、一口に「有事」といっても千差万別で、思いもしなかったことも起きるでしょう。そこで、残された脳の空き容量を使って、本当の「対策」をその場で考えます。そのためにこそ、脳の空き容量を残しておく必要があるのです。

その際、明確にしておきたいのが、「最優先すべきものは何か」という守るべき価値序列（プライオリティ）です。それは結局、企業理念ですから、マニュアル（動作）からスタートし、企業理念（価値規準）に立ち返ることになります。

5　備えていたことしか役に立たなかった

「備えていたことしか、役には立たなかった。備えていただけでは、十分ではなかった。備え、しかる後にこれを超越してほしい。」

──これは、『東日本大震災の実体験に基づく　災害初動期指揮心得』（注40-1）の冒頭にある言葉です。

大地震と巨大津波、原発のメルトダウン──正直、あのときは私も、このまま日本、東日本は壊滅してしまうのではないか、という不安に襲われました……。ただ、どんな過酷災害も「喉元過ぎれば熱さ忘れる」で、過去のものとなっていきます。

究極の実体験に基づくこの貴重な教訓を基に、まずは、備えること、「発生の蓋然性」と「結果の重大性」を掛け合わせた「リスクマトリクス」を作成し、優先度の高い「有事」ごとにマニュアル（手順書）を整備し、やりがちな間違いや言い訳を想定して具体的方策を講じていくことだと思います。

そして、有事には、何を守るべきかのプライオリティ（優先

順位）を明確にし、マニュアルを参考にしつつも、マニュアルをも超越する「胆力」を涵養いただくことが重要と思われます——失敗の多い人生を歩んできた私には、これが「言うは易し、行うは難し」であることは身に沁みて痛感しているところですが……（苦笑）。

半六先生からのアドバイス！

■「動作」と「価値規準」——「ルール」と「プリンシプル」を併用する
■マニュアル（動作）から始め、企業理念（価値）に戻る

（注40-1）国土交通省 東北地方整備局著（2015年　国土交通省 東北地方整備局）

Q41

Uuestion

有事のマニュアルは
詳細であればあるほど
いいのですか？

A 有事における初動マニュアルは、「必須」と「厳禁」の2つを短く記述し、あとは、「守るべき価値序列」を注意喚起するだけにとどめてはいかがでしょうか。

--- 解 説 ---

1 若者はマニュアルが大好き

　近年、マニュアルが大流行です。とりわけ、高いリサーチ能力を持ち、コスパや工数の節約を重視する今の若者は、あれこれ試行錯誤することを敬遠し、マニュアルや書式、先例を求めます。

　「昭和最後の大阪の弁護士」としては、「弁護士は（冷）汗と恥をかいてナンボ！」「現場で必要なのは知識・意識・技能、これは経験により体に染み込んだ暗黙知だ！」と思い込んでいましたが、今や、寿司職人も専門学校で学ぶ時代なんですね……。

　確かにマニュアルがあれば、まったく経験のないことでもそれなりの対応ができますし、ムダを減らし、本当に必要なところに時間をかけることができます。これが、若手にコスパ感と安心感を与えてくれるのでしょう。

　そう、若手に学び（**Q1**）、もっとマニュアルを活用しましょう！

2　一般従業員

　相当程度、経験を積んだ一般従業員にもマニュアルは必要でしょうか。

　私は、必要かつ有益だと思います。動作のヌケやモレを防ぎ、また、業務を平準化し、日々、その質を底上げしていく手段として必要ですし、技能の伝承（引継ぎ）の上でも有益です。

3　マニュアル作成の目的

　前後しますが、ここで、あらためてマニュアル作成の目的を考えてみましょう。

　第1に、平時用のマニュアルです。

　これは、平時になすべきことや手順を具体的に書き出し、重要度や流れを整理するためのものです。この場合、書き出すこと、つまり、マニュアルの作成過程自体にも意味があります。書くことは考えることであり、考えるとは結局、頭の中を整理して言葉を練り上げることだからです。

　第2に、有事のマニュアルです。

　これは、有事における判断の混乱を防ぎ、行動の手引きとするためのものです。

　以上の2つのうち、第1は、詳しければ詳しいほどよいでしょう。根拠を含め詳しく書いてあれば、どこが違っていたのかの検証が可能になり、業務の質を上げることができるからです。

　しかし、第2は、大なり小なりパニックに陥っている状況を想定していますから、詳しければよいというものではありませ

ん。有事は情報が多すぎるとかえって混乱します。あまりに詳細なマニュアルは即座・臨機の対応を難しくしかねません。

　余談ですが、これは、弁護士の証人尋問、とりわけ反対尋問にもいえることです。尋問メモは必要ですが、そればかり見ていたのでは証人との真の意味での対峙となりません。これは、株主総会での株主からの質問への対応においても同様ではないでしょうか。

4　有事のマニュアル

　その意味で、危機時の初動マニュアルは「簡潔明瞭」を旨とすべきです。もちろんそれは、平時から練りに練ったインテリジェンスでなければなりません。

　そのポイントは、次の2点だと思います。
① 【必須】「絶対にすべきこと」と【厳禁】「絶対にしてはならないこと」だけを箇条書きで短く記述する（ルール・ベース）
② 「守るべき価値序列（プライオリティ）」と「心構え」を付記する（プリンシプル・ベース）

5　経営者にとってのマニュアル

　さて、経営者にとってのマニュアルとは、どのようなものでしょうか。

　経営者は、マニュアルを守る立場ではなく、従業員につくらせ、守らせる立場です（**Q24**）。平時はもちろん、有事にも従業員が会社の価値規準（企業理念）に従って正しく行動できるよ

う、マニュアルを整備させ、研修や訓練を繰り返させ、ルーティン化できるまで高めさせる職責を負っているのが経営者です。

　したがって、経営者たる者、常に有事に備え、準備を怠らず、マニュアルなどなくても行動できる！……というのが理想ですが、自ら会社の価値規準を率先垂範できるよう、自分なりのマニュアルやメモをつくっておくことは有益だと思います。これは部下につくらせるのではなく、自分の手で「未来を過去の如く」考えながらつくることです。それを自由自在に活用し、最後の最後、土壇場ではそれを超越する全人格的な胆力、つまりは、経営者の人間力が試されるのだと思われます（**Q40**）。

半六先生からのアドバイス！

■備えよ常に。それがマニュアル人間の凄み

■「未来を過去のように思いなさい。」（湯川秀樹博士）

■先人が積み重ねてきてくれた知見の上に立って、わずかに歩を進める

■身を捨ててこそ、浮かぶ瀬もあれ

Q42 Uuestion

有事にやりがちな
「言い訳」には
どのようなものが
ありますか？

A よくあるのは「会社のためにやったんだ」というものですが、ほかにもいろいろあります。ズレた言い訳で炎上に油を注がないよう、言い訳に潜む「ホンネ」をひも解いてみましょう。

─── 解　説 ───

1　一切の言い訳を封じる

企業の不祥事や失敗には、２つの原因があります。

１つは"ズレ"に気づけないこと、もう１つは"ズレ"に気づきながらも自分で"言い訳"をつくって正当化してしまうことです。

その対策としては、日々学び続け、ズレに気づくこと、そして、やりがちな「言い訳」を先回りして封じ込めることです。ここでは、後者を中心に触れます。

2　「言い訳」と「説明」の違い

まず、「言い訳」は、「説明」とどう違うのでしょうか？

「言い訳」は「他責」──自分は悪くないという結論ありきの

自己弁護です。そこには事実の分析や内省がなく、学びや成長もありません。

　これに対し、「説明」は「自責」――会社の本分と自らの職分の自覚の下に、事実を客観的に分析をすることです。それは、自分の非も含めて自らの職分を省察し、「どうすればよかったのか」「どうすべきであったのか」を理と証拠をもって自己分析することです。決してむやみやたらと自己アピールすることではありません。

　経営に失敗は不可避ですが、そんなときこそ「言い訳」ではなく、自分自身、得心がいくまで徹底的に言語化して「説明」を尽くし、失敗を未来に活かしたいものです。

3　上司の役割　――大きく笛を吹く

　さて、言い訳にもいろんなパターンがありますが、デブリーフィングしてみると、当の本人も、内心、違和感を覚えながら、ムリヤリ自分を納得させるために勝手な言い訳をつくっていることが多いものです。

　部下がそんな熱に浮かされた状態にあるときは、ピィーっと大きく笛を吹いてあげることです。「おい、それマズいんと違うか？　弁護士に相談してみよか？」と声をかけ、ハッと我に返させてあげるのです。

　また、考えが足りない「抜け策」状態にある部下には、ナッジ（そっと、それとなく誘導）してあげることです。

　部下が「場当たり的」な思考の下に人生を踏み外し、後々後悔することがないよう、また、会社を巻き込んだ大ごとにして

しまうことがないよう、正しい方向に導いてあげるのも経営者の重要な務めです。

4　よくある"言い訳"とそのホンネを分析する

「コンプライアンスを軽視していたわけではない。ただ、具体的方策を考える能力に欠けていた……」──これは、ある会社の反省の弁ですが、実は多くの会社でこれが当てはまるのではないでしょうか。ここに「具体的方策」とは、やりがちな「言い訳」を先回りして封じ込めることです。

そこで、よくある言い訳について、そのココロがどこにあるのか、ちょっと考えてみましょう。

① **「会社のためだ」**

言い訳として最もよく出てくるのが、これです。

「決して私利私欲じゃない、会社のためよかれと思ってやったんだ」というものですが、本当にそうでしょうか？

会社のためという側面も確かにあるのでしょうが、そこでいう「会社」の「利益」とは何なのでしょうか？　それは企業理念を正解したものでしょうか？　自分個人の立場やプライド（ダメな奴だと思われたくない等）を守るためではないでしょうか？　それは本当に会社のためになっているのでしょうか……？

「会社のためだ」という言い訳をした人がその後どう処遇されたのか、社内の先例を確認してみてください。褒賞されるどころか、懲戒処分になっていないでしょうか？

「会社のため」を口実に思考停止に陥ることなく、会社の企

業理念や存在目的（本分）、そしてその中での自分の役割（職分）を今一度振り返り、それが真に会社のためになっているかどうか、再考していただければと思います。

② **「まさかバレるとは思わなかった」「こんなことになるとは…」**

　　これはもはや「言い訳」（正当化）ともいえないものですが、最大の問題は、「抜け策」、つまり、「今がどういう時代か」に気づいていないことです（**Q19**）。

　　「魚心あれば水心」「阿吽（あうん）の呼吸」「バレないように上手にやればいいじゃないか」……そんな悪魔のささやきが聞こえたときは、「人生を他人任せにしない」「自らの尊厳は自分で守る」「部下を守る、会社を守る、自分を守る」と呪文のように唱えて、もう一度考え直してください。

　　「そんなのはきれいごとだ！」と思われる方……どうしてもやるならそれはそれで1つの判断ですが、それはバレない可能性にすべてを賭け、会社をも巻き込んだ乾坤一擲（けんこんいってき）（つまり、一か八か）の大バクチです。「自ら積極的に公表することはしない」と皆で申し合わせた事例も、結局、何者かによる社外通報でバレたことを忘れないでください。

③ **「今さら言えない」**

　　棚上げ・静観・先送り・様子見──そんな「事なかれ主義」はこれまでの日本企業でよく見られた例ですが、ダスキン事件の大阪高裁判決は、「自ら積極的に公表することはしない」というのは「消極的隠ぺい」だと断じています。

　　最初にボタンをかけ違えると、それを隠すためにどんどんおかしな方向に進んでいきます。初動が肝心です。「一人で決めたくなることほど自分で背負い込まず上司に相談せよ」と

社内に周知徹底をしてください。「病、市に出せ」といいます。相談を躊躇する心には、すでに自己保身の気持ちが働いているのです。

　そして、相談を受けた上司は、警告の笛を吹き、部下をハッと我に返してあげてください。部下が自分の人生をおとしめて後で苦しむことがないよう、ナッジ（そっと、誘導）してあげてください。間違っても一緒に隠そうとしてはいけません。大阪地検特捜部事件を思い出してください（Q8）。「隠すな、庇うな、変えるな」です。

④　「やむを得なかったんだ」

　確かにそういいたくなることはあると思いますが、「法令違反」の言い訳にはなりません。

　大阪からヒットマンが二人きていると脅され、生命の危険を感じて何百億という不適切融資をしてしまった蛇の目ミシン株主代表訴訟事件（Q6）──一審・二審の裁判官は同情してくれましたが、最高裁は「法令に従った適切な対応をすべき義務」があると断じ、最終的に583億円超の巨額賠償が確定しました。「法令に従った適切な対応」というのは、あらゆる企業活動に要請されるキーワードです。

⑤　「上が決めたことだ」

　人間、不都合が生じると、「自分のせいじゃない」（自責ではなく他責）と言い訳したくなるものですが、それは思考停止の「逃げ」です。サラリーマンの限界といえばそれまでですが、経営者はサラリーマンではありません（Q31）。第三者委員会報告書の中には「悪い意味でのサラリーマン根性の集大成」とバッサリと切り捨てているものもあります。

　もう１つ、よくあるのが「忖度」です。部下の誤った忖度に巻き込まれないためにも、メッセージは明確に出すことです。「あんじょうせい」「うまいことやれ」「よきに計らえ」ではなく、「当社では、こういう場合はこう対応する」「違法な利益は一切評価せず厳罰に処する」「コンプライアンスはあらゆる利益に優先する」と明確に指示し、実行してください。

⑥　「担当外だ」「僭越だ」

　これは、⑤同様、上司の顔色ばかりうかがっているヒラメ型サラリーマンの言い訳ですが、前記のとおり、経営者はサラリーマンではありません。担当外だから関係ないという姑息な言い訳は通用しません。

　取締役には、取締役会に上程されたことはもちろん、そうでなくても、法令違反を監視する義務があります。例えば、過労死を惹起させかねないような過重労働の管理は、担当取締役だけの問題ではない、ということにもご留意ください。

⑦　「全然嫌がってなかった」「笑っていた」

　これは、パワーハラスメント（パワハラ）やセクシュアルハラスメント（セクハラ）でよくある言い訳ですが、部下と上司の関係性、特に相手と自分のパワーの違いに気づいていません。自覚が足りないのです。「受容の外観」に逃げ込まないことです。……などと、偉そうにいっても、正直いうと私自身、似たようなことをいったことがあります（すみません……）。

　米国の活動家であり法学者でもあるキャサリン・マッキノン弁護士の次の言葉を思い出してください（私も、ある研修でこの言葉を知ってからは、常に自戒するようにしています。）。

　　「望まない（性的）言動に対する女性の最も普通の

対応は、起きたこと全体を無視するように努めつつ、見かけは喜んでいるように巧みに男性の面子（メンツ）を立て、それでやめてくれるだろうと期待することである。」

⑧ **「そんなつもりじゃなかった」**

これもセクハラでよくある言い訳です。

セクハラになるかどうかは「受け手」の問題で、行為者にその意図がなければ許されるというものではありません。すなわち、「対象者が不利益を受け、又は性的不快感を受けることは必要であるが、不利益を受け、又は性的不快感を受けることを行為者が意図したこと又はこの点について行為者に過失があることは不要」なのです（**注42-1**）。もちろんそこには、一般通常人の基準も入りますが、職場において重要なことは、「セクハラ」に当たるかどうか、「犯罪」になるか、「不法行為」になるかより「一緒に働くみんなの職場環境を悪くしないか」どうかです（**Q13**）。職場にせよ家庭にせよ、最も身近な人たちと仲良く暮らせることが人間の幸せだからです。

「己の欲せざる処人に施すこと勿（なか）れ」「自分がしてもらいたいようにしてあげなさい」というのが世界中のあらゆる宗教に共通する「黄金律」です。法哲学者である井上達夫東京大学名誉教授によれば、正義とは「反転可能性」です。「そこに自分も入っているのか？」と自問し、自らの人生の質を高めてください。

なお、最近、特にハラスメント関係の相談や事件が増えている印象がありますが、グループ会社では、「小さな拠点、離れた拠点、新しい拠点」は特にご注意ください。

⑨「俺は寝てないんだ」

　俺も被害者だと言いたくなる気持ちは非常によくわかりますが、ここは自分個人の感情ではなく、社長としての役割を演じていただく必要があるのだと思います。

半六先生からのアドバイス!

■神は細部に宿る。とっさの言い訳にホンネが宿る
■人の振り見て我が振り直せ

（注42-1）東京高判令和1年6月26日

Q43

Question

お金で解決できるものなら、さっさと支払って解決してしまいたいのですが……。

A お気持ちはわかりますが、それこそ相手の術中にはまっているかもしれません。「敵を知り、己を知る」ことです。

———— 解 説 ————

1 経営者が陥りやすいワナ

「表沙汰になって大ごとにならないうちに、サッサとお金を支払って解決してしまいたい……」──責任ある立場にある人ほど、直感的にそう考えがちです。例えば、ランサムウェア対応、反社会的トラブル、かつての総会屋対応等……しかしそんなときにこそ、「場当たり的思考」ではなく「規範的思考」です（**Q1**）。

規範と現実のズレをそのままにしてお金を支払っても何ら根本的解決にならないばかりか、それこそ相手の思うツボで、それをネタにさらに脅されることもあります。

「敵を知り己を知れば百戦危うからず」（孫子）です。あらためて相手の属性と自らの立場を考えてみましょう。

2 「敵を知る」

　人知れずさっさと処理してしまいたい、というのは責任者が陥りやすいワナですが、いったん支払ったが最後、それをネタにさらに次の要求がきて抜き差しならない事態になることがあります。

　まずは、警察や弁護士その他の専門機関に相談し、「敵」（相手）の属性をよく見極めましょう。「無知は罪」です。すべては正確に知ることから始まります。

　余談ですが、聞くところによると、関係国のトップが交代したとき、ロシアの諜報機関が最初にすることは、そのトップが20歳前後のころに書いたものを徹底的に調べることだそうです。人の思想信条は変わらないから、ということですが、「敵を知る」ことの重要性がよくわかりますよね。

3 「己を知る」～「誰の」お金か？

　次は、己を知ることです。

　個人のお金を個人の負担で支払うのなら、それも1つの選択肢ですが、経営者が動かすお金は「個人のもの」ではありません。単に「会社のお金」を預かっているだけです。長く経営を担っていると、ついつい「自分のお金」「自分の会社」という錯覚に陥りがちですが、経営者はあくまで株主から経営を「託された」だけなのだということを忘れないようにしてください。

4 蛇の目ミシン株主代表訴訟事件最判の教訓

このようなケースで想起すべき教訓が前記の蛇の目ミシン株主代表訴訟事件の最高裁判決です。これは、大阪からヒットマン（殺し屋）がきていると脅されて会社の資金を渡してしまったケースです。経営者といえども命までねらわれてはたまったものではありませんよね。そこで、一審・二審は、理屈こそ違え、経営者に責任はない、としました。一種の救済判決です。しかし最高裁は、次のように判示しました。

> 「会社経営者としては、……不当な要求がされた場合には、法令に従った適切な対応をすべき義務を有するものというべきである。前記事実関係によれば、本件において、被上告人（経営者）らは、A（反社）の言動に対して、警察に届け出るなどの適切な対応をすることが期待できないような状況にあったということはできないから、Aの理不尽な要求に従って約300億円という巨額の金員をＩ社（Aの主宰する会社）に交付することを提案し又はこれに同意した被上告人（経営者）らの行為について、やむを得なかったものとして過失を否定することは、できないというべきである。」（括弧書きは筆者加筆）

要するに、警察にいえばいいじゃないか、ということで、冷静に考えればそのとおりなのですが、脅されて視野狭窄に陥ると、冷静な判断ができなくなりがちです。

その意味でも、自分一人でリスクを抱え込んでしまわず、取締役会に諮る、専門家の智慧を借りるといった当たり前のことを当たり前に行う姿勢が重要と思います。

半六先生からのアドバイス！

■ "My company" ではなく "your company"

■ 「他人に相談したくない」のは非倫理のシグナル。

　人にいいにくいことこそ、相談する

■病、市に出せ

215

Q44
Uuestion

不正が発覚した際に絶対にしてはならないことは何ですか？

A 「隠すな、庇うな、変えるな」の３Kです。

--- 解　説 ---

1　単なる過失犯が故意犯に…

　人間は、社会的動物なので、マズいことや恥ずかしいことは隠したくなるものです（**Q12**）。しかし、それによって単なるチョンボ（過失）が悪質な故意犯に転化してしまった失敗例は枚挙に暇がありません。

　「不都合な真実」をあるがままに直視し、「過ちを正すに憚ること勿れ」「過去は変えられないが未来は変えられる」「正直が一番の武器」を思い出してください。

2　事後対応の鉄則

　これまでも随所で触れましたが、自分の人生をおとしめないためにも、「隠すな、庇うな、変えるな（改ざんするな）」という事後対応の鉄則・３Kにご留意ください。

半六先生からのアドバイス！

■「スーパー正直」（パナソニック）な会社でありたい

【著者プロフィール】

鳥山半六（とりやま・はんろく）

弁護士法人色川法律事務所東京事務所担当パートナー。昭和60年京都大学法学部卒。昭和63年弁護士登録（大阪弁護士会・40期）。平成23年弁理士登録。平成20～24年京都大学法科大学院非常勤講師（法曹倫理担当）。平成25年大阪弁護士会副会長。平成30年第一東京弁護士会に登録換え、現在に至る。労働・知財・不動産・損害賠償等の民事訴訟を中心に企業法務全般に関わるとともに、上場・未上場・スタートアップ等、各種企業や団体の社外役員として経営法務に携わる。倫理学、コンプライアンス、ガバナンス、契約リテラシーに関心を持ち、企業経営者向けの対話型コンプライアンスセミナーに取り組んでいる。Best Lawyers Japan 2023（Labor and Employment Law）の一人。著書に『いちからわかる・使える「契約」Q&A ～今さら聞けない現場のギモンを解決～』（第一法規）がある。

サービス・インフォメーション

――― 通話無料 ―――

① 商品に関するご照会・お申込みのご依頼
　　　　　TEL 0120 (203) 694／FAX 0120 (302) 640
② ご住所・ご名義等各種変更のご連絡
　　　　　TEL 0120 (203) 696／FAX 0120 (202) 974
③ 請求・お支払いに関するご照会・ご要望
　　　　　TEL 0120 (203) 695／FAX 0120 (202) 973

● フリーダイヤル（TEL）の受付時間は、土・日・祝日を除く9:00～17:30です。
● FAXは24時間受け付けておりますので、あわせてご利用ください。

いちからわかる「コンプライアンス」Q&A
～今さら聞けない社長のギモンを解決～

2024年1月20日　初版発行

著　者　　鳥　山　半　六

発行者　　田　中　英　弥

発行所　　第一法規株式会社
　　　　　〒107-8560　東京都港区南青山2-11-17
　　　　　ホームページ　https://www.daiichihoki.co.jp/

わかるコンQA　ISBN 978-4-474-09332-4　C2034 (8)